南方ブックレット13

ジェノサイドを考える

ガザ・ウクライナ・原爆・ホロコースト・東学農民を手がかりに

戸田 清
Toda Kiyoshi

南方新社

はじめに

2023年12月29日にガザの事態に関連して南アフリカ政府がイスラエルをジェノサイド条約違反の疑いで国際司法裁判所（ICJ）に提訴し、ICJは2024年1月26日に「ジェノサイド防止」を求める暫定（仮保全）措置命令を出した。これにより、ジェノサイド概念が改めて注目を浴びることになった。「犯罪の中の犯罪」とも言われるジェノサイド（集団殺害、文民に対する組織的な虐殺）をめぐる15の論点について、改めて考えてみたい。

ガザ危機とウクライナ危機で進行するジェノサイド。ミャンマーやスーダンなどの事態もある。「ジェノサイド兵器」である核兵器を、いまなお9カ国が保有している。そのうちのロシアとイスラエルが「核威嚇」をした。過去のジェノサイドを反省しない日米が同盟を強化しつつある。平和と民主主義を守り、すすめるために、いまこそ広い視野からジェノサイドについて再考することが求められている。

2023年10月から2024年8月までにパレスチナのガザ地区で、4万人以上（そのうち子どもが1万6000人）が殺された。ナチス・ドイツのユダヤ人虐殺の被害者を代弁するはずのイスラエル政府が、なぜ集団殺害の加害者となったのであろうか。イスラエル建国の1948年には、70万人が難民となり、500の村が破壊され、1万5000人が殺された。2022年2月に始まったロシアのウクライナ侵攻では、マリウポリ市民2万人が殺された。ロシアを制裁しつつ、イスラエルには弾薬を提供する米国やドイツ。国際紛争に便乗して大軍拡をはかる日本。戦争とジェノサイド（集団殺害）の背景、停戦を求める平和外交の必要性について、考えてみよう。

「(2024年現在のガザ侵攻を念頭に）あまりに多くの罪なき人を巻き込む紛争に至った占領によって、ユダヤ人としての自分の存在とホロコーストが乗っ取られてしまった。そのことに異議を唱える者として、ここに立っている」（アカデミー賞国際長編映画賞の受賞スピーチでジョナサン・グレイザー監督。逢坂冬馬氏のエッセイから引用、『関心領域』映画パンフレット、ハピネットファントム・スタジオ、2024年）

目次

レジュメ（要点のピックアップ）

ジェノサイドを考える　東学農民・ホロコースト・原爆・ウクライナ・ガザを手がかりに

国民救援会大田支部2024年4月27日、目黒革新懇5月11日、長崎大学平和講座6月19日で発表

●1　私たちの目の前で進行するジェノサイド：ガザとウクライナ

2024年8月現在、ガザの死者4万人超、そのうち子ども1万6000人超、瓦礫の下にさらに1万人？

国際司法裁判所（ICJ）が2024年1月、イスラエルに「ジェノサイド防止命令」

人口40万人のマリウポリで死者2万人超「ウクライナのグロズヌイ（チェチェン）」、ブチャの虐殺

●2　ホロコーストを念頭に「ジェノサイド」を造語し、ジェノサイド条約採択に貢献したレムキン弁護士は、なぜ「忘れられ、貧困のなかで死んだ」のか？

1944年に「ジェノサイド」を造語したユダヤ系ポーランド人弁護士ラファエル・レムキン

1948年ジェノサイド条約採択（12月）

●3　枢軸国のジェノサイドを裁くための法的手続きの開始日（憲章調印）の直前直後に連合国のジェノサイドが強行された

1945年8月8日ニュルンベルク憲章（枢軸国のジェノサイドを裁くプロセス始動）の直前直後に連合国のジェノサイド（原爆投下）が行われた事実は重い。

●4　ニュルンベルク裁判の「人道に対する罪」から「ジェノサイドの罪」へ

●5　東京裁判判決の翌月にジェノサイド条約が成立

ナチスのホロコースト（ユダヤ人虐殺）をきっかけにジェノサイド概念が提起され、ニュルンベルク裁判を経て、1948年ジェノサイド条約が採択された。日本は未批准である。

1945-46ニュルンベルク裁判、1946-48東京裁判（11月判決）、1948年12

月ジェノサイド条約採択

1998年ルワンダ国際法廷で史上初のジェノサイド有罪判決（終身刑）

各国の典型的ジェノサイド　日本：1894東学農民鎮圧作戦、トルコ：1915アルメニア人迫害、ロシア（ソ連）：1940カティンの森事件　ドイツ：1941-45ホロコースト、米国：1945東京大空襲、広島・長崎原爆投下　イラク：1988ハラブジャ事件（クルド人に毒ガス）、ルワンダ　1994民族紛争で大量殺人→1998国際法廷で初のジェノサイド有罪

南京大虐殺は計画的でないので（偶発的ではなく、兵站軽視によって構造的に生じたが）、「典型的」とは言えない。

●6　日本はジェノサイド条約を批准せず

●7　日本軍最初のジェノサイドは日清戦争期の東学農民鎮圧作戦

日清戦争：1894東学農民鎮圧（中塚明ほか2024）、朝鮮人死者5万人、日本軍死者1人

平時の自然災害：1923 関東大震災における朝鮮人・中国人・社会主義者虐殺（関原正裕2023）

満洲事変：1932平頂山事件（井上久士2022）

日中戦争：1937南京事件（東京裁判で20万人、蒋介石の南京軍事法廷で30万人の認定）（吉田裕1986）

太平洋戦争：1942シンガポール華僑大検証など（林博史2007）

「明るい明治、暗い昭和」の司馬遼太郎史観は誤り。

「大正デモクラシー」は誰もが知っているが、「昭和ファシズム」は学校で教えないことになっている。

●8　日本人は「ジェノサイドの加害者および被害者」

●9　「日本はジェノサイドをしたことがない」とうそぶくウヨク文化人たち

自民党右派と応援団は「歴史戦」で「性奴隷と20万人は嘘」「日本はジェノサイドをしていない」と主張

●10　核兵器は「ジェノサイド兵器」「オムニサイド兵器」

1948年12月の米国の対ソ攻撃計画…70都市に133発の原爆を投下、想定死者は1000万人以上

米国の核兵器独占 1945-48 年、ソ連核実験 1949 年、水爆 1950 年代以降
1960 年代に米ソ核戦争の死者 6 億人を想定
原爆はキロトン、水爆はメガトン、エルズバーグ『世界滅亡マシン』岩波書店 2020
核保有 9 カ国…ジェノサイド兵器 genocidal weapon（オムニサイド兵器）の保有
日米安保条約…核抑止、核先制不使用の否定、ジェノサイドの可能性を温存
1962 キューバ危機では米ソ双方が核兵器発射の直前まで行った
原発回帰は「潜在的核武装」への固執…ウラン濃縮、再処理は核保有国と日本
原発保有＝潜在的核武装、核兵器保有または核保有国との同盟＝潜在的ジェノサイド　日米安保

●11　ICJ がイスラエルにジェノサイド防止命令
南アフリカが 2023 年に国際司法裁判所（ICJ）にイスラエルをジェノサイド条約違反容疑で提訴し、審理が始まった。2024 年 1 月 26 日に ICJ はジェノサイド防止の暫定措置命令。他方、
国際刑事裁判所（ICC）は 2023 年にプーチンの戦争犯罪（子ども強制連行）に逮捕状を発行し、捜査中であるが、効果が出るまでに時間がかかると思われる。ロシアのウクライナ侵攻でジェノサイドに近いのは、マリウポリ無差別攻撃。

●12　ホロコーストの被害者を代弁するはずのイスラエル政府を盲信するドイツほか欧米諸国

●13　ロシアのチェチェン戦争やウクライナ・マリウポリ無差別攻撃などもジェノサイド

●14　リフトン博士らが提起した「ジェノサイダル・メンタリティ」
20 世紀の 5 大ジェノサイダル・システム
ナチズム、日本帝国主義、アメリカ帝国主義、スターリン主義、カンボジアのクメール・ルージュ

●15　ジェノサイドの前科を反省しない日本・米国・ロシア政府

ジェノサイドを反省しない日米の「同盟強化」や「岸田大軍拡」が国際社会に及ぼす負の影響が懸念される。

近年のジェノサイド加害国に、ドイツ、日本、イタリア、ロシア、トルコ、米、英、仏、イスラエルなどがある。歴史教育で自国のジェノサイドを教えているのはドイツのみと思われる。枢軸国と連合国、権威主義体制と民主主義体制を横断して、大国主義・覇権主義はジェノサイドをもたらしてきた。ドイツ政府はホロコーストへの反省から、ホロコースト被害者の代弁者を自称するイスラエル政府を盲信し、ガザ人道危機のさなかにおいても米国とともにイスラエルに弾薬を提供した。

ジェノサイドについての必読書 15 冊

荒井信一 2008『空爆の歴史　終わらない大量虐殺』岩波新書

岩松繁俊 1998『戦争責任と核廃絶』三一書房　著者は被爆者、日本の「招爆責任」にも言及

岡真理 2023『ガザとは何か　パレスチナを知るための緊急講義』大和書房

国際問題研究会編訳 2023『ウクライナ 2014-2022　大ロシア主義と戦うウクライナとロシア・ベラルーシの人々』柘植書房新社

芝健介 2008『ホロコースト　ナチスによるユダヤ人大量殺戮の全貌』中公新書

内藤正典、三牧聖子 2024『自壊する欧米 ガザ危機が問うダブルスタンダード』集英社新書

中川喜与志 2001『クルド人とクルディスタン　拒絶される民族　クルド学序説』南方新社

中塚明、井上勝夫、朴 孟洙 2024『東学農民戦争と日本　もう一つの日清戦争』高文研　旧版 2013

前田朗 2002『ジェノサイド論』青木書店

松村高夫・矢野久編 2007『大量虐殺の社会史』ミネルヴァ書房

レオ・クーパー『ジェノサイド』高尾利数訳、法政大学出版局 1986

フィリップ・サンズ『ニュルンベルク合流　「ジェノサイド」と「人道に対する罪」の起源』園部哲訳、白水社 2018

ノーマン・ネイマーク『スターリンのジェノサイド』根岸隆夫訳、みすず書房 2012

アーティフ・アブー・サイフ『ガザ日記　ジェノサイドの記録』中野真紀子訳　地平社 2024

Robert Jay Lifton and Eric Markusen, 1990, *The genocidal mentality : Nazi holocaust and nuclear threat,* Basic Books

1　私たちの目の前で進行するジェノサイド:ガザとウクライナ

2020 年代になっても、目の前でジェノサイドが展開されている。代表的な報道記事をあげてみよう。

資料 1　ユーチューブ動画

ガザ死者 3 万人超　5 カ月足らずで異例の死者数【WBS】（2024 年 2 月 29 日）

パレスチナ自治区ガザの保健当局は 29 日、去年 10 月に始まったイスラエルとイスラム組織ハマスの戦闘によるガザでの死者が 3 万人を超えたと発表しました。戦闘開始から 5 カ月足らずで死者数が 3 万人を超えていて異例のペースで増え続けています。イスラエル軍は避難民が密集するガザ最南部ラファにも地上侵攻するかまえで、一層の被害が懸念されます。

https://www.youtube.com/watch?v=p3I1U64WhBM

戸田付記

1948 年のイスラエル建国時の「ナクバ」（大災厄）は難民 70 万人、500 村破壊、死者 1 万 5000 人なので、死者の数で 2 倍を超えたことになる。

NHK2024 年 3 月 31 日によるとガザの死者は現在 3 万 2705 人。なおイスラエルの死者は約 1200 人。NHK4 月 22 日報道でガザ死者 3 万 4097 人。NHK4 月 28 日、3 万 4388 人。NHK5 月 3 日、3 万 4596 人。NHK5 月 12 日、3 万 5034 人。NHK5 月 26 日、3 万 5903 人。NHK5 月 29 日、3 万 5984 人。NHK5 月 30 日、3 万 6171 人。NHK6 月 1 日、3 万 6284 人。NHK6 月 6 日、3 万 6586 人。朝日新聞 6 月 8 日、3 万 6731 人。赤旗 6 月 20 日、3 万 7396 人。NHK6 月 24 日、3 万 7598 人。赤旗 7 月 5 日、3 万 7953 人。NHK7 月 7 日、3 万 8098 人。NHK7 月 12 日、3 万 8345 人。赤旗 7 月 18 日、3 万 8713 人（ロイター）。朝日新聞 7 月 26 日、3 万 9175 人。朝日新聞 8 月 16 日・赤旗 8 月 17 日、4 万

5人、そのうち子ども1万6000人以上、女性1万1000人以上、瓦礫の下敷きなどで不明約1万人、両親あるいは一方の親を亡くした子ども1万7000人。

5月26日ラファ空爆で45人死亡、5月28日ラファ空爆で21人死亡。

2014年のイスラエルのガザ攻撃（51日間で死者約2200人）でも、パレスチナとイスラエルの**死者の比率は約30倍**であった(岡2024;トドロフ2018:267)。

2008-2009年のガザ攻撃では、パレスチナの死者1330人（そのうち3分の1は子ども）、イスラエルの死者13人で、**死者の比率は100倍**だった(清田2019:61）。

資料2　ロイター2024年3月18日

ユニセフ、イスラエルの攻撃で、ガザで1万3000人以上の子どもが犠牲になったと発表

ワシントン:国連児童機関は日曜日、イスラエルの攻撃によりガザで1万3000人以上の子どもたちが死亡したと発表した。多くの子どもたちが深刻な栄養失調に苦しみ、「泣く元気さえない」と付け加えた。「さらに数千人が負傷し、どこにいるのかさえわからない。瓦礫の下敷きになっているかもしれない」。

ユニセフのキャサリン・ラッセル事務局長は日曜日、CBSニュースの番組『フェイス・ザ・ネイション』で、「このような子どもたちの死亡率は、世界のどの紛争でも見たことがない」と語った。「重度の貧血や栄養失調に苦しむ子どもたちの病棟に行ったことがありますが、病棟全体がとても静かでした。子どもたち、赤ちゃんたちは……泣く気力さえないのです」。ラッセル氏は、援助や支援のためのトラックをガザに移動させる「非常に大きな官僚的課題」があると述べた。イスラエルに対する国際的な批判は、戦争による死者数、ガザにおける飢餓の危機、そしてガザへの援助物資の搬入を妨害しているという疑惑によって高まっている。

国連の専門家は今月初め、イスラエルはより広範な“飢餓キャンペーン”の一環として、ガザの食糧システムを破壊していると述べた。イスラエルはこの非難を否定した。

ハマスが統治するガザに対するイスラエルの軍事攻撃は、230万人の人口のほ

ぼすべてを避難させ、飢餓の危機を引き起こし、飛び地の大部分を壊滅し、ガザの保健省によれば3万1000人以上が死亡した。

イスラエルは、10月7日のハマスによるイスラエルへの攻撃で、イスラエルの集計によれば約1200人が死亡し多数の人質が奪われた後、ガザでの虐殺容疑を否定し、自衛のために行動していると言っている。

ガザ北部の2歳以下の子どもの3人に1人が急性栄養失調に陥っており、飢餓が迫っていると、パレスチナの飛び地で活動する主要な国連機関が土曜日に発表した。

ロイターhttps://www.arabnews.jp/article/middle-east/article_114818/

Six months into the war on Gaza, over 10,000 women have been killed, among them an estimated 6,000 mothers, leaving 19,000 children orphaned

6カ月で、ガザで女性1万人超死亡、そのうち母親6000人、孤児1万9000人残して

https://www.unwomen.org/en/news-stories/press-release/2024/04/six-months-into-the-war-on-gaza-over-10000-women-have-been-killed

2024年4月18日しんぶん赤旗7面記事「ガザ　母親6000人が犠牲に　親失った子1.9万人　国連女性機関が報告書」をみて「UN　women　Gaza」で検索

ある被爆者の言葉「一発の原爆で、あんなにおおぜいの子供を殺した、それがわたしにゃ忘れられんのですよ」(リフトン『ヒロシマを生き抜く』下巻、129)。

「特筆すべきは子どもの犠牲の多さです。11月上旬の時点で、4500人を超えました。国連の調査によれば、過去数年、世界各地の紛争で1年間に犠牲となる子どもの数は2000人超から4000人超とされています。つまりガザでは1カ月あまりで、世界で1年間に犠牲になる数より多くの子どもの犠牲者が生まれてしまったことになります」（内藤・三牧2024：45）

「（ガザでは）もう途中から医薬品が到着しなくなったというので、もう子どもも含めて麻酔なしで手術しなきゃならない。妊婦は帝王切開でも麻酔なしで産まなければならなくなっています」（ibid：206）

資料3　朝日新聞2024年7月20日外報

「イスラエルは占領終結を」　国際法違反　司法裁が勧告

パレスチナ自治区のヨルダン川西岸地区などへのイスラエルの占領政策をめぐり、国際司法裁判所（ICJ、オランダ・ハーグ）は19日、長年の占領は国際法に反しているとして、「イスラエルは占領を出来るだけ早く終結しなければならない」とする勧告的意見を言い渡した。

勧告的意見に法的拘束力はないが、ガザ地区への激しい攻撃を続けるイスラエルへの国際的な圧力はさらに強まる。ただ、イスラエル側は反発しており、ICJ側の意見に応じる可能性は低いとみられる。ICJのサラム裁判長はイスラエルの入植活動などの占領政策は「事実上の併合」とし、国際法違反と指摘。入植者の退去や新たな入植の停止などを求めた。

イスラエルのネタニヤフ首相はSNSで「入植地の合法性を疑う余地はない」と訴えた。

パレスチナ自治政府の議長府は「ICJの決定を歓迎する」とする声明を出した。自治政府の通信社WAFAが報じた。

今回の勧告的意見は2022年12月の国連総会の決議を受けたもの。決議は、長年の占領や入植地の拡大でパレスチナ市民の人権が脅かされていることについて、ICJに国際法に照らした見解を示すよう求めていた。

ICJは04年、イスラエルが「テロ」防止の名目で建設する「分離壁」が国際法に反するとする勧告的意見を出した。（ブリュッセル＝森岡みづほ、エルサレム＝今泉奏）

資料4　Wikipedia記事「マリウポリの戦い」日本語、英語、仏語

ロシアのウクライナ侵攻のなかで代表的なジェノサイドは、たとえば2022年2－3月のドネツク州マリウポリ無差別爆撃である。長崎市とほぼ同じ人口の40万人都市で民間人死者は2万人以上か？

https://ja.wikipedia.org/wiki/マリウポリの戦い_（2022年）

民間人死者 2万1000人

^Russia-Ukraine war: 21,000 civilians killed, mayor of Mariupol estimates エルサレム・ポスト
市民 2 万 5000 人が殺された
https://en.wikipedia.org/wiki/Siege_of_Mariupol
市民 2 万 2000 人ないし 7 万 5000 人が死亡
https://fr.wikipedia.org/wiki/Bataille_de_Marioupol_（2022）

映画『マリウポリの 20 日間』ミスティスラフ・チェルノフ監督、2023 年。2024 年 4 月 26 日公開、TOHO シネマズ日比谷ほか。しんぶん赤旗などでも紹介。
https://synca.jp/20daysmariupol/（20240423 アクセス）

映画でマリウポリ（43 万人）の死者は 2 万人ないし 2 万 5000 人であると述べている。マリウポリは「ウクライナのグローズヌイ（チェチェンの主要都市）」になってしまった。
https://en.wikipedia.org/wiki/20_Days_in_Mariupol
https://fr.wikipedia.org/wiki/20_Jours_ à _Marioupol
https://ja.wikipedia.org/wiki/実録_マリウポリの 20 日間
フランスで上映されたときの映画ポスターを示す。

キーウ近郊「ブチャの虐殺」もジェノサイドに近いと思われる。ブチャ解放2周年の追悼行事が行われ、犠牲者は子ども 12 人を含む 509 人とされている（NHK2024a）。

死者はもっと多いという説もある。

https://ja.wikipedia.org/wiki/ブチャの虐殺

https://en.wikipedia.org/wiki/Bucha_massacre

https://fr.wikipedia.org/wiki/Massacre_de_Boutcha

https://eo.wikipedia.org/wiki/Masakro_de_Buĉa

ところでブチャの虐殺については、一部の識者（有名な平和学者を含む）から、「ブチャの虐殺はロシア軍の犯行ではなく、ウクライナ軍（または過激派）の自作自演だ」という少数意見が提出されている。それが、被爆者団体の新聞にも掲載されている（安斎 2022；安斎 2024）。加藤直樹（2024）の言う「ロシア擁護論」になっているのではないだろうか。

資料5　ICCがプーチン大統領に続き、ネタニヤフ首相にも逮捕状か？

イスラエル首相らに逮捕状準備か、ICC　政府内で懸念

By ロイター編集

2024年4月30日午前 2:02

国際刑事裁判所（ICC）がパレスチナ地区ガザでの戦闘に絡みイスラエル政府当局者に逮捕状を発行する準備を進めている可能性があり、イスラエル政府内で懸念が強まっている。

イスラエルのメディアなどによると、ICCは昨年10月7日に起きたイスラム組織ハマスによるイスラエル奇襲とその後イスラエル軍のガザでの軍事行動を巡り調査を進めており、ネタニヤフ首相らイスラエル政府高官は戦争犯罪や人道に対する罪などに問われる可能性がある。ハマスの指導者に対する逮捕状の発行も検討されているという。

イスラエルのカッツ外相は28日、ICCが近く、政府および軍の高官に対し逮捕状を発行する可能性があるという報道について、そのような状況にならないことを期待するとし、「われわれが頭を下げることはない。戦い続ける」と言明した。

カッツ外相はさらに、イスラエルの大使館に対し「深刻な反ユダヤ主義」に直面するリスクがあるとし、警備を強化するよう警告した。

https://jp.reuters.com/world/security/R6IZ2YYDQFPETCMOAXVINFCQJM-2024-04-29/

「イスラエル首相に逮捕状か　国際刑事裁　戦争犯罪の容疑」『しんぶん赤旗』2024年5月1日5面　を見て検索

2024年4月現在、ICC（国際刑事裁判所）はネタニヤフ首相の逮捕状を準備中。2024年1月のICJ（国際司法裁判所）によるジェノサイド防止命令に続く重大な動きである。

ネタニヤフ首相、戦争犯罪容疑　ICCが逮捕状請求、ハマス幹部も

朝日新聞2024年5月21日

パレスチナ自治区ガザでの戦闘をめぐり、国際刑事裁判所（ICC、オランダ・ハーグ）の検察局は20日、イスラエルのネタニヤフ首相とガラント国防相、イスラム組織ハマスの幹部3人に戦争犯罪や人道に対する犯罪の容疑で逮捕状を請求したと発表した。ICCの予審裁判部が審理し逮捕状を発行するか判断する。

発表によると、ネタニヤフ氏とガラント氏はガザで意図的に市民に対する攻撃を指示した行為や、人道支援物資の提供を妨害し、飢餓を引き起こした行為に責任があるとしている。ICCはハマス最高指導者のハニヤ政治局長、軍事部門トップのデイフ氏、ハマスのガザでの最高指導者シンワル氏にも戦争犯罪などの容疑で逮捕状を請求。昨年10月のイスラエルへの越境攻撃を指示し、民間人を殺害した行為に責任があるとしている。

カーン主任検察官は声明で「いかなる軍事目標を持っていたとしても、民間人の死、飢餓、多大な苦痛を意図的に引き起こすことは犯罪である」とした。イスラエルはICCに加盟していないが、逮捕状が発行されると加盟国・地域では逮捕される可能性があり、ネタニヤフ氏らは国外移動について制約を受ける。（ブリュッセル＝森岡みづほ）

戸田補足　ハマスのイスマイル・ハニヤ氏は2024年7月31日にテヘランで暗殺

された。イスラエルによると思われる。

米大統領がICC非難　南アは「歓迎」　ネタニヤフ氏らに逮捕状

朝日新聞2024年5月21日夕刊

パレスチナ自治区ガザでの戦闘をめぐり、国際刑事裁判所（ICC）の検察局がイスラム組織ハマスの幹部と共に、イスラエルのネタニヤフ首相とガラント国防相に逮捕状を請求したことについて、バイデン米大統領は20日、「言語道断だ」と非難する声明を出した。ネタニヤフ氏とハマスも反発した。一方、南アフリカ政府は「歓迎する」とする声明を出した。

バイデン氏は「イスラエルとハマスが同列だということは全くない」と強調。「イスラエルの安全に対する脅威には、常にイスラエルとともに立ち向かう」と述べた。

ネタニヤフ氏は20日、ビデオ演説で「世界中で猛威を振るっている反ユダヤ主義の火にガソリンを注いでいる」と批判した。逮捕状請求について「歴史的な道徳上の暴挙だ」とし、「国際法廷に、永遠に消えることのない汚点を残すことになる」と非難した。

ハマスも20日の声明で「被害者と処刑人を同等に扱っている」とICCの対応を強く非難。「パレスチナの抵抗の指導者に対する全ての逮捕状の取り消しを求める」と反発した。

一方、南アフリカ政府は20日、ICCの決定を「歓迎する」とする声明を出した。

南アは、イスラエル軍のガザでの攻撃がジェノサイド（集団殺害）にあたるなどとして、イスラエルを国際司法裁判所（ICJ）に訴えている。

ラマポーザ大統領は声明で「戦闘と敵対行為をすぐに終結させ、すべての人質を即時解放し、イスラエルがガザから軍を直ちに撤退させることを、一貫して主張してきた」と説明。「これこそが、パレスチナ市民の権利を守り、持続可能な平和を実現する唯一の方法だ」と訴えた。（ワシントン＝下司佳代子、イスタンブール＝根本晃、ヨハネスブルク＝今泉奏）

ラファでの作戦停止、命令　イスラエルに　国際司法裁判所

朝日新聞2024年5月25日

国際司法裁判所（ICJ、オランダ・ハーグ）は24日、パレスチナ自治区ガザへの攻撃を続けるイスラエルに対し、暫定措置としてガザ南部ラファでの軍事作戦の即時停止などを命じた。ICJはこれまで、ジェノサイド（集団殺害）行為を防ぐ「全ての手段」を講じるよう命じていたが、ガザでの被害が拡大し続けるなか、初めて軍事作戦の停止に踏み込んだ。

今回の暫定措置命令は、昨年末にイスラエルを提訴した南アフリカが、今月10日に追加の暫定措置としてラファへの攻撃を緊急停止するようICJに求めたことを受けたもの。イスラエルを支援する米国を含め、国際社会で侵攻への批判が高まるなか、今回の措置命令でイスラエルへの圧力がさらに強まる。

命令には法的拘束力があるが、ICJに強制的な執行手段はない。ガザのイスラム組織ハマスの壊滅に固執するイスラエルがただちに攻撃を停止するかは不透明だ。

ICJはこれまで、ジェノサイドを防ぐ「全ての手段」をとることなどを命じる暫定措置命令を出している。イスラエルは人道支援物資の提供に協力して「命令に従っている」と主張している。（ブリュッセル＝森岡みづほ）

歩兵も指導者も

朝日新聞2024年5月28日（天声人語）

「歩兵も司令官も文民指導者も、いかなる者も刑事責任を免れることはできない」。今月20日、国際刑事裁判所（ICC）が発表した主任検察官カリム・カーン氏の声明で、この言葉が最も印象に残った。罪を犯した者は等しく裁かれるべきである、との信念が伝わってきた▼声明は、ガザでの戦闘をめぐる逮捕状の請求とその法的な根拠についてだった。ハマス幹部3人のほか、イスラエルのネタニヤフ首相とガラント国防相も対象とした。容疑は、戦争犯罪と人道に対する犯罪である▼請求段階では非公表も多いなか、文書や動画、SNSなどであえて「派手」に発信したのはなぜか。ICCは昨年、ウクライナ侵攻でロシアのプーチン大統領にも同様の手続きをしたが、公表は逮捕状の発行に合わせている▼大きな理

由は、情報を公開することで国際社会にアピールし、ガザの悲惨な状況を一刻も早く止めたいからだろう。ネタニヤフ氏らについては、戦争に「市民の飢餓」を利用したともし、特に懸念を示した▼公表後にカーン氏は、民主国家のある指導者から「アフリカや、プーチンのような凶悪犯らを裁くための裁判所のくせに」と言われたとも明かした。分断の時代に、国際的な法廷への風当たりは強い。激しい反発や脅しも絶えないそうだ▼「最後のよりどころ」とも称されるICCは、人類の良心に反する重大な犯罪を裁く場所だ。歩兵も指導者も、国際法の下では平等である。当然なのに、いかに困難であることか。

これは2023年3月にICCがプーチン大統領の逮捕状を出したことを想起させる。

ロシアを非難しイスラエルを擁護する米欧諸国と異なり、ICCはすべての戦争犯罪を追及する普遍主義に立とうとしていることを示唆する。

国際刑事裁判所 プーチン大統領に逮捕状 ウクライナ情勢めぐり

2023年3月18日18時29分NHK

オランダ・ハーグにあるICC＝国際刑事裁判所は、ウクライナ情勢をめぐり、ロシアが占領したウクライナの地域から子どもたちを移送したことが国際法上の戦争犯罪にあたるとして、ロシアのプーチン大統領などに逮捕状を出したと明らかにしました。これについてウクライナ側が歓迎する一方、ロシア側は強く反発しています。（以下省略）

https://www3.NHK.or.jp/news/html/20230318/k10014012431000.html

付記　1998年にICC規定（条約）の採択に反対したのは、7か国（米国、中国、イスラエル、イラク、リビア、カタール、イエメン）であった（前田2000 : 29）。

2　ホロコーストを念頭に「ジェノサイド」を造語し、ジェノサイド条約採択に貢献したレムキン弁護士は、なぜ「忘れられ、貧困のなかで死んだ」のか？

ラファエル・レムキン弁護士（Raphael Lemkin、1900-1959）は、1944年の著書『欧州占領地域における枢軸国の支配』（*Axis Rule in Occupied Europe: Laws of Occupation, Analysis of Government, Proposals for Redress*）で「Genocide ジェノサイド」を造語した。

ユダヤ系ポーランド人であるレムキンは、1941 米国に亡命、同胞に対するナチスのホロコーストの状況を伝え聞くなかで、ある集団の廃絶を目的とした、その集団の生活の本質的条件を破壊する計画に焦点を定めてジェノサイドを定義した。「国民集団の文化や、言語、国民感情、宗教、経済の存在を解体したり、その集団に属する個人の人身の安全、自由、健康、尊厳や生命を破壊（したり）することである。ジェノサイドは、統一体としての国民集団に向けられ、その行為が個人に向けられるのは、その個人の特性によるのではなく、その国民集団の一員であることによる」（前田 2000：33）。

「genocide はギリシャ語の γένος（種族：英語の接頭辞で genos）とラテン語 -caedes（殺害：英語の接尾辞で cide）の合成語であり、ユダヤ系ポーランド人の法律家ラファエル・レムキンにより『占領下のヨーロッパにおける枢軸国の統治』（1944 年）の中で、政治共同体もしくは民族集団の消滅を目的とした、大量殺人だけではない複合的な計画を表すために用いられた造語である」

https://ja.wikipedia.org/wiki/ジェノサイド

ジェノサイド条約の採択にも貢献したレムキン弁護士は、米国で複数の大学（デューク大学、イェール大学など）の法学教授もつとめた。ニューヨークのイーストハーレムで亡くなったとき（享年 59）、なぜ「世の中から忘れられ、貧困状態になった」のであろうか。

Wikipedia の英語版、仏語版、スペイン語版、ドイツ語、エスペラント版、中国語版、ヘブライ語版などと異なり、日本語版には「レムキン」の項目が欠落している。やはり日本人はジェノサイドへの関心が低いのであろう。中国語版は短すぎる。

レムキン弁護士の戦後の足取りを Wikipedia 英語版から追ってみよう。1953 年の論文で 1930 年代のウクライナの飢餓、いわゆる「ホロドモール」を「ソ連によるジェノサイド」として告発し、アルジェリアにおける仏軍の弾圧を告発しているので、ソ連政府とフランス政府に嫌われたことは間違いない。レムキンはアラブ諸国政府に協力したので、イスラエル政府にも嫌われたであろう。米国、ドイツとの関係はどうだったのであろうか。

Postwar

After the war, Lemkin chose to remain in the United States. Starting in 1948, he gave lectures on criminal law at Yale University. In 1955, he became a Professor of Law at Rutgers School of Law in Newark.[41] Lemkin also continued his campaign for international laws defining and forbidding genocide, which he had championed ever since the Madrid conference of 1933. He proposed a similar ban on crimes against humanity during the Paris Peace Conference of 1945, but his proposal was turned down.[42]

戦後レムキンは、米国にとどまることを選んだ。彼は 1948 年からイエール大学で刑法の講義を始めた。1955 年に彼はニューアークのラトガース大学の法科大学院の教授に就任した。レムキンはさらに、ジェノサイドの定義と禁止をめぐる国際法についての活動を続けたが、この分野では 1933 年のマドリード会議以来、第一人者であった。彼は 1945 年のパリ講和会議で「人道に対する罪」の禁止についての提案をしたが、その提案は却下された。

Lemkin presented a draft resolution for a Genocide Convention treaty to a number of countries, in an effort to persuade them to sponsor the resolution. With the support of the United States, the resolution was placed before the General Assembly for consideration. The Convention on the Prevention and Punishment of the Crime of Genocide was formally presented and adopted on 9 December 1948.[43] In 1951, Lemkin only partially achieved his goal when the Convention on the Prevention and Punishment of the Crime of Genocide came into force, after the 20th nation had ratified the treaty.[44]

レムキンはジェノサイド条約についての決議案への賛同を得るために多くの国の政府に提示した。米国政府の支持を得て、決議案は国連総会での審議に付された。ジェノサイドの防止と処罰に関する条約案が提示され、採択されたのは、1948 年 12 月 9 日のことであった。条約の批准が 20 カ国に達して 1951 年に条約は発効したが、レムキンの目的の一部が達成されたにすぎない。

Lemkin's broader concerns over genocide, as set out in his Axis Rule,[45] also embraced what may be considered as non-physical, namely, psychological acts of genocide. The book also detailed the various techniques which had been employed to achieve genocide.[46]

レムキンの著書『枢軸国の支配』（1944）で提示されたジェノサイドについての幅広い関心事には、非物理的な側面すなわちジェノサイドの心理学的側面をも扱われていた。この本にはジェノサイドの達成に用いられる様々なテクニックが詳述されていた。

Between 1953 and 1957, Lemkin worked directly with representatives of several governments, such as Egypt, to outlaw genocide under the domestic penal codes of these countries. Lemkin also worked with a team of lawyers from Arab delegations at the United Nations to build a case to prosecute French officials for genocide in Algeria.[47] He also applied the term 'genocide' in his 1953 article "Soviet Genocide in Ukraine", which he presented as a speech in New York City.[48]Although the speech itself does not use the word "Holodomor", Lemkin asserts that an intentional program of starvation was the "third prong" of Soviet Russification of Ukraine, and disagrees that the deaths were simply a matter of disastrous economic policy because of the substantially Ukrainian ethnic profile of small farms in Ukraine at the time.[49][50][51]

1953 年から 1957 年まで、レムキンはエジプトなど数カ国の政府代表と共同作業をした。これら諸国の国内刑法でジェノサイドを違法化するためであった。

レムキンはアルジェリアにおけるジェノサイドに関与したフランスの公務員を訴追するために、国連のアラブ諸国代表団の法律家たちと共同作業をした。彼はまた、ニューヨーク市での講演で提示した「ウクライナにおけるソビエトのジェノサイド」という1953年の論文でも「ジェノサイド」の概念を適用した。講演のなかでは「ホロドモール」という用語は用いなかったが、レムキンは意図的な飢餓のプログラムがソビエトによるウクライナのロシア化の「第三の柱」であると主張し、たまたまウクライナ人の小農が多い地域で悪意のない破滅的な経済政策のせいで多数の死者が出ただけだという説に反論した。

Death and legacy [edit source]

In the last years of his life, Lemkin was living in poverty in a New York apartment.[52]In 1959, at the age of 59, he died of a heart attack in New York City.[53]Only several close people attended his funeral at Riverside Church.[54]Lemkin was buried in Flushing, Queens at Mount Hebron Cemetery.[55][56]At the time of his death, Lemkin left several unfinished works, including an Introduction to the Study of Genocide and an ambitious three-volume History of Genocide that contained seventy proposed chapters and a book-length analysis of Nazi war crimes at Nuremberg.[57]

生涯の最後の日々をレムキンはニューヨークのアパートで貧困のなかで過ごした。1959年、ニューヨーク市において心臓発作で死亡した。享年59歳であった。リバーサイド教会での葬儀には数人の近親者のみが参列した。レムキンの遺体はマウント・ヘブロン墓地のフラッシング、クイーンズ区画に埋葬された。死去したときレムキンは数点の未完の仕事をかかえていた。そのなかには『ジェノサイド研究入門』や、三巻の意欲的な『ジェノサイドの歴史』があった。『歴史』には70章の目次案があり、ニュルンベルク裁判でのナチスの戦争犯罪の分析だけで本一冊の分量があった。

The United States, Lemkin's adopted country, did not ratify the Genocide Convention during his lifetime. He believed that his efforts to prevent genocide had failed. "The fact is that the rain of my work fell on a fallow plain," he wrote, "only this rain was a mixture of the blood and tears of eight million innocent people throughout the world. Included also were the tears of my parents and my friends."[58] Lemkin was not widely known until the 1990s, when international prosecutions of genocide began in response to atrocities in the former Yugoslavia and Rwanda, and "genocide" began to be understood as the worst crime of all crimes.[59]

レムキンの亡命を受け入れた米国は、彼が生きているあいだにジェノサイド条約を批准することはなかった。彼はジェノサイドを防止するための努力は失敗したと思っていた。「私の著作という雨は、作付けしていない休閑中の平原に落ちたというのが事実だ」と彼は書いている。「この雨は、世界で 800 万人の罪なき人びとの血と涙でできている。そのなかには私の両親と友人の涙も含まれる」。レムキンの業績は 1990 年代まで広く知られないままだった。この時期に旧ユーゴスラビアとルワンダでの残虐行為への対応として、国際社会によるジェノサイドの訴追が行われ、「ジェノサイド」が最悪の犯罪として認知され始めたのである。

戸田付記

レムキンの没後半世紀以上を経た 2013 年に、遺稿を研究者が編集した「自伝」がイエール大学出版会から出た。散逸や判読不能も多く、書籍になったのは遺稿のごく一部である。レムキンが歴史上のジェノサイド、ジェノサイドの多様性に深い関心をもっていたことがよくわかる。アルメニアン・ジェノサイド（死者 100 万人超）への言及はもちろん多いが、13 世紀のモンゴル帝国の東欧侵攻におけるジェノサイドにもたびたび言及している。「クビライの仏教帰依にともなってジェノサイドは終息した」と述べていることが興味深い（Frieze 2013 : 196）。最古のジェノサイドはアッシリア帝国によるものだという。フランスのユグノー迫害ももちろん言及される。前近代日本については、江戸時代のキリシタン殉教 5 万人についてやや詳しく述べている。豊臣秀吉のキリシタン迫害（1597 年のカトリック 26 聖人殉教が典型）については知らなかったらしい。1941 年にスウェーデン、ソ連、日本、カナダを経て米国に亡命したときに敦賀から京都を経て横浜まで旅をしたこともあり、日本への関心は深かったようだ。索引に「ナガサキ」

とあるので本文を見ると、江戸時代の記述であった。原爆投下への言及が皆無なのは不思議である。反米主義者として目をつけられることを怖れて、原爆についてのコメントを廃棄していたのかもしれない。

1959年当時に「ニュークリア・ホロコースト」という言葉はまだなかったが、「多様なジェノサイド」に深い関心をもつ人道主義者であったレムキンが原爆被害に関心をもたなかったはずがない。遺稿を編集したフリーズ博士に問い合わせのメールを出したが、まだ返事はない。

アルメニアン・ジェノサイドの責任者のひとりであるメフメト・タラート・パシャ（オスマントルコの内相、首相を歴任）は1921年にアルメニア人に暗殺された。ベルリンの法廷はその犯人をinsane（一時的狂気）ゆえに無罪とした。ポグロム（ユダヤ人虐殺）の責任者であるシモン・ペトリューラ（ウクライナの民族主義者）は1926年にユダヤ人アナキストに暗殺された。パリの法廷はその犯人をやはりinsaneゆえに無罪とした（Frieze 2013：20-21）。レムキン自伝は伊藤博文と安重根には言及していない（富裕な家族に生まれた安は、東学を討伐する側であった）。東学農民鎮圧というコリアン・ジェノサイドの責任者のひとりである伊藤は1909年に安に暗殺された。安は死刑になった。ところでレムキンは横浜からバンクーバーに向かう船に乗り合わせた賀川豊彦と懇談している。レムキンはデューク大学とイエール大学の教授を歴任しているが、晩年は貧困と病気に苦しんだ。なお、レムキン自伝を編集したドナ・リー・フリーズ博士は、オーストラリアのディーキン大学専任講師で、アルメニアン・ジェノサイドやホロコーストについての論文を書いている。

https://experts.deakin.edu.au/28470-donnalee-frieze

1990年代に「ジェノサイド」とともに注目されたのが「エスニック・クレンジング（民族浄化）」である。イラン・パペの著作も参照。

https://en.wikipedia.org/wiki/Raphael_Lemkin

リフトンとマークセンの名著『ジェノサイダル・メンタリティ　ナチスのホロコーストと核の脅威』（1990）の冒頭には、レムキンへの献辞がある。説明を補足しながら訳してみよう。

「本書をラファエル・レムキンの思い出に捧げる。彼のただひとりの十字軍

（one-man crusade）は、ジェノサイド犯罪への注意喚起に焦点をしぼっていた。そして彼の闘争を受け継ぐすべての人びとにも本書を捧げる」

個人的には、ここで「十字軍」に言及することに違和感がある。十字軍もジェノサイドを行ったからだ。第一回十字軍のエルサレム進軍（1099 年）では、1 万人を超えるユダヤ人とムスリムへの虐殺が行われたと言われている（橋口 1974；クーパー1986 : 6）。Crusade にはほかの語義もあるが、ここでは「十字軍」であろう（クーパー1986 : 18）。英語の辞書で crusade を引くと、medieval Christian war to recover Holy Land; campaign against something believed to be evil; concerted action to further a cause とある（*Collins Webster`s Pocket Dictionary,* 2007，p.128）。語義は「中世の十字軍」「反対運動」「改革運動」である。

フランス政府・軍とジェノサイドについて : 1945 年 5 月（連合国の対独勝利）のセティフ蜂起のあと、4 万人に及ぶアルジェリア人を殺戮し、1947 年のマダガスカルでは 10 万人もの死者を出した（マゾワー『暗黒の大陸』268 頁）。アルジェリア日刊紙アルヒワール編集長ムスタファ・ボニフさんによると、この主権を求めるデモに対する仏軍の弾圧での虐殺は 4 万 5000 人（しんぶん赤旗 2024 年 2 月 22 日、秋山豊記者）。

マーク・マゾワー『暗黒の大陸　ヨーロッパの 20 世紀』、レオ・クーパー『ジェノサイド』、ノーマン・ネイマーク『スターリンのジェノサイド』、フィリップ・サンズ『ニュルンベルク合流』、前田朗『戦争犯罪論』、前田朗『ジェノサイド論』、松村・矢野編『大量虐殺の社会史』などには数カ所にレムキンへの言及がある。レムキンは生涯独身で、子どもがいなかった。

標準的な国際人道法の教科書である『国際人道法』（藤田 2000）は良書だと思うが、ジェノサイドについての記述では不満が残る。ジェノサイド条約への言及は、国際刑事裁判所規定でジェノサイド罪の要件はジェノサイド条約の規定をそのまま取り入れたという説明のみである（藤田 2000 : 292）。巻末の「国際人道法関係条約年表」にジェノサイド条約の記載はない。「日本のジェノサイド条約未批准」やレムキンへの言及もない。1963 年原爆判決には言及している（藤田 2000 : 108）。イラン・イラク戦争における化学兵器の使用について記述しているが、ハラブジャ事件（クルド人へのジェノサイド）についての言及はない（藤田

2000 : 259-261)。また、湾岸戦争についての記述のなかで劣化ウラン弾への言及はない。

ラファエル・レムキン検察官・弁護士

Axis Rule In Occupied Europe: Laws Of Occupation, Analysis Of Government, Proposals For Redress Hardcover January 1, 2005

English Edition by Raphael Lemkin（著）,Samantha Power（序論）　Lawbook Exchange Ltd　674 pages

レムキンの主著(1944)の復刻版(2005)の表紙

Totally Unofficial (English Edition) Kindle Edition
English Edition by Raphael Lemkin（著）, Donna-Lee Frieze（著，編集）Format: Kindle Edition

没後半世紀あまりを経て出版された自伝（紙の本は 2013）の表紙

Totally Unofficial（English Edition）Kindle Edition
English Edition by Raphael Lemkin（著）,Donna-Lee Frieze（著，編集）Format: Kindle Edition

表1　cideで終わる英単語名詞の例

- ●aborticide　妊娠中絶，人工（妊娠）中絶薬
- ●acaricide　ダニ駆除剤（注：殺ダニ剤とも訳す）
- ●bactericide　殺菌剤
- ●biocide　バイオサイド、殺生物剤
- ●ecocide　環境破壊、エコサイド、生態系の破壊◆不可算◆【語源】eco＋genocide
- ●ethnocide　〔特定の民族の文化を同化させるための〕文化破壊

●femicide

1.フェミサイド、女性嫌悪殺人◆男性による、相手が女性であることを理由とした殺人。

2.（一般に）女性殺害、女性殺し

●feminicide　フェミニサイド、女性嫌悪殺人、女性殺害◆【同】femicide

●feticide　胎児殺し、堕胎

注 1：abortion の同義語、英国英語では foeticide

注 2：インドで 20 世紀末以降に出生前診断による女子胎児の選別的中絶が流行したときには、female feticide（female foeticide）と呼ばれた。戸田 1994 も参照。

https://en.wikipedia.org/wiki/Female_foeticide_in_India

●fungicide　殺菌剤、防カビ剤◆可算または不可算

・The lawn may be treated with a fungicide.：芝生は防カビ剤で治すことができる。

●genocide　大（大量・集団）虐殺◆不可算◆国民・人種・政治的集団に対する大量虐殺を意味する名詞で、第 2 次大戦中のナチスによるユダヤ人虐殺や、クメール・ルージュによる民族虐殺などについて使われる。◆【語源】ギリシャ語 genos（民族・人種・人々）＋ ラテン語-cide（殺す）。◆【参考】suicide;homicide

●germicide　殺菌剤

●herbicide　除草剤

注：同じ薬剤でも軍事利用する場合は枯葉剤 defoliant と言う（ベトナム枯葉作戦）。

●homicide 謀殺（注：故意の意図的・計画的殺人は murder、過失致死は accidental homicide など）

1.殺人（行為［事件］）

・The police is trying to determine if the two cases of homicide were linked.：警察はその二つの殺人事件に関連があるかどうか確定しようとしている。

・In this country, there hasn't been a domestic homicide in five years.：この国では、この 5 年間に一度も家庭内殺人が起きていない。

2.〈主に米〉殺人罪◆人を死に至らしめる罪。アメリカの刑法では、殺人罪は murder と manslaughter に分けられる。

3.〈主に米〉〔警察の〕殺人（捜査）課

4.〈古〉殺人犯

●infanticide　幼児殺害

●insecticide　殺虫剤◆可算

●matricide　《殺人》母親殺し

注：オオスズメバチの「女王殺し」もこれである。

●omnicide　核兵器による皆殺し◆【語源】omni（全て）＋cide（殺すこと）

●patricide　父殺し（の犯人）

●pesticide　殺虫剤◆可算または不可算◆作物に有害な虫や小動物などを殺すための化学物質。広義では、除草剤など農薬全般を含む。◆【語源】pest＋-（i）cide（殺す）。pest（有害生物）は主観的な（人間中心の）概念だが「迷惑な動植物・菌類」、狭義では「害虫」を指す。◆【参考】insecticide;herbicide

●suicide

1.自殺（すること）

・Northern countries have a high rate of suicide.：北方の国々では自殺率が高い。

2.自殺者［する人］

3.自殺行為、自滅

4.〈俗〉＝suicide soda

英辞郎オンラインによる。https://eow.alc.co.jp

2 ホロコーストを念頭に「ジェノサイド」を造語し、ジェノサイド条約採択に貢献したレムキン弁護士

3　枢軸国のジェノサイドを裁くための法的手続きの開始日（憲章調印）の直前直後に連合国のジェノサイドが強行された

1945年8月8日の米英仏ソによるニュルンベルク憲章調印（枢軸国のジェノサイドなどを裁くプロセス始動）の直前直後の8月6日と9日に、連合国のジェノサイドである広島・長崎原爆投下が行われた事実は重い（戸田2017）。ニュルンベルク憲章は、「平和に対する罪」「人道に対する罪」「通常の戦争犯罪」の訴因、判事団、検察官、弁護団の選出方法など、ニュルンベルク裁判の枠組みを決めるものであった。近い将来の日本降伏と東京裁判を視野に入れていたことは言うまでもない。

大学や専門学校では、1%前後の学生がウヨクに洗脳されていると思われる。彼らが「1945年8月の史実」を知ると「ではニュルンベルク裁判と東京裁判はインチキだ」という「感想」をレポートに書くことがある。

東京裁判についての私見を簡潔に述べておきたい。

「文明の裁き」と「勝者の裁き」の両面があったことは当然である。

東条英機ら陸軍被告6人の有罪判決は当然であり、死刑判決はやむをえなかった。

広田弘毅元首相の有罪判決はやむをえなかったが、死刑判決（6対5の僅差で死刑）は量刑不当であった。

石井四郎軍医中将ら731部隊関係者が米軍・米国政府の都合で免責されたことは不当であった。

東京大空襲、原爆投下など連合国の戦争犯罪が免責されたことは不当であった。

昭和天皇の免責も不当であった。当時の国際世論では「死刑に」の声も少なくなかった。執行猶予つきの有罪判決と退位命令を出すべきだったと思う。

米国人弁護人も原爆投下が戦争犯罪であったことを指摘している。「枢軸国（ファシズム）と連合国（民主主義）の戦い」と言われるが、同時に認識すべきは、連合国の主要メンバーが帝国主義陣営（米英仏）とスターリン主義（ソ）であったことだ。ドレスデン大空襲（死者 4 万）、東京大空襲（死者 10 万）、原爆（年内死者 21 万）も戦争犯罪であった。現代ドイツのネオナチは。ホロコーストを棚にあげて、ドレスデン大空襲を糾弾するらしい。

1944 年のノルマンディー上陸作戦で、連合軍の戦死は想定（5 万人）より大幅に少ない 4500 人であった。それに対して、上陸を援護するために米英軍が海岸に近い独軍施設に対して行った空爆では、誤爆によるフランス民間人の死者が 3 万 5000 人にもなった（NHK 映像の世紀　バタフライエフェクト　ノルマンディー上陸作戦、2024 年 4 月 15 日）。戦略爆撃だけでなく、「悪意のない過剰な空爆」でも多数の死者が出ることがわかる。

Wikipedia から引用する.

「しかし、この上陸作戦でもっとも損害を被ったのはドイツ軍でも連合軍でもなく、戦場となったノルマンディーの住民たちであった。上陸前空襲によって、24 時間以内に死んだノルマンディーの住民は、D-デイにおけるアメリカ軍の死者の 2 倍以上の 3000 人にも達した。そして、“ノルマンディー解放”までにドイツ軍に殺害されたり、戦闘に巻き込まれて死亡した市民は 1 万 9890 人にも及び他にも大量の負傷者が生じた。これとは別に、上陸前の連合軍による準備爆撃で D-デイまでにノルマンディーを中心として 1 万 5000 人の住民が死亡し、負傷者は 1 万 9000 人にも達した。これはノルマンディー解放までにアメリカ軍が被った戦死者数を遥かに超える人数であり、連合軍の空爆で死亡したフランス国民の総数は 7 万人にも達し、ドイツ軍の空襲によって死亡したイギリス国民の人数を大きく上回っている」
https://ja.wikipedia.org/wiki/ノルマンディー上陸作戦

戦略爆撃（都市無差別爆撃、絨毯爆撃）は、「テロ爆撃」ともいう。
Strategic bombing is a systematically organized and executed attack from the air which can utilize strategic bombers, long- or medium-range missiles, or nuclear-armed fighter-bomber aircraft to attack targets deemed vital to the enemy's war-making capability. It is a military strategy used in total war with

the goal of defeating the enemy by destroying its morale, its economic ability to produce and transport materiel to the theatres of military operations, or both. The term terror bombing is used to describe the strategic bombing of civilian targets without military value, in the hope of damaging an enemy's morale.

https://en.wikipedia.org/wiki/Strategic_bombing

terror bombing をマイケル・ウォルツアーの邦訳では、「テロ爆撃」と訳している。

「勝者の裁き」への反省から、1998 年の ICC（国際刑事裁判所）条約では、「双方の戦争犯罪」を捜査することになった。最高刑は終身刑である。

死刑廃止が国際社会の常識になったのは、1989 年に国際人権規約自由権規約第二選択議定書（死刑廃止条約）が採択されてからである。1989 年は日本の平成元年である。人権後進国日本は、令和の時代になっても「死刑存置」という「昭和の思想」にしがみついている。

米国の原爆投下責任だけでなく、侵略戦争によって投下を招いた「招爆責任」も直視しなければならない（岩松 1998）。

Agreement for the Prosecution and Punishment of the Major War Criminals of the European Axis, and Charter of the International Military Tribunal. London, 8 August 1945

https://ihl-databases.icrc.org/en/ihl-treaties/nuremberg-tribunal-charter-1945

The Charter and Judgment of the Nürnberg Tribunal - History and Analysis: Memorandum submitted by the Secretary-General

https://legal.un.org/ilc/documentation/english/a_cn4_5.pdf

Nuremberg Charter (Charter of the International Military Tribunal) (1945)

* London, 8 August 1945

https://ghum.kuleuven.be/ggs/events/2013/springlectures2013/documents-1/lecture-5-nuremberg-charter.pdf

https://en.wikipedia.org/wiki/Nuremberg_trials

Nuremberg charter の項目あり

「イギリス政府とアメリカ政府の協議が始まったが、イギリス政府は戦犯裁判に難色を示していた。しかし、ナチス政府が崩壊し、総統アドルフ・ヒトラーが自殺すると、イギリス政府は反対方針を取り下げ、裁判を承諾した。これにはヒトラーが法廷で演説するという事態が避けられたことも一因となっている。
戦犯裁判開催は定まったが、アメリカ・イギリス・ソビエト連邦・フランスの臨時政府は、中小国が参加するUNWCCを裁判に関与させず、自らが裁判の主導権を握る動きを見せ始めた。UNWCCはこれに抵抗しようとしたが、8月8日には4大国間で国際軍事裁判所憲章（ロンドン憲章）が成立し、4大国による戦犯裁判は既定方針となった。ロンドン憲章においては「平和に対する罪」「通例の戦争犯罪」「人道に対する罪」、そしてそれらを犯そうとする「共同謀議」の4点を裁判所の管轄とすることになり、この点では同憲章によって設立された「極東国際軍事裁判」とも共通していた。「人道に対する罪」の導入については、特にロバート・ジャクソンの役割が大きかったと見られている」
https://ja.wikipedia.org/wiki/ニュルンベルク裁判
https://ja.wikipedia.org/wiki/国際軍事裁判所憲章
La 8-an de aŭgusto1945 Britio,Francio,Usono kaj Sovetunio subskribis londonan nterkonsenton pri la Nurenberga tribunalo.
https://eo.wikipedia.org/wiki/Nurenberga_tribunalo
Le Statut du Tribunal militaire international （connu également comme la Charte de Londres ou la Charte de Nuremberg ou Statut de Nuremberg） est un document annexé à l'Accord de Londres1 du 8 août 1945 qui fixe《 La constitution, la juridiction et les fonctions du Tribunal [...], ce statut formant partie intègrante de l'Accord 》. Le Tribunal Militaire international est lui-même connu sous l'expression du procès de Nuremberg qui s'est déroulé du 14 novembre 1945 au 1er octobre 1946.
https://fr.wikipedia.org/wiki/Charte_de_Londres_du_Tribunal_militaire_international

資料６　国際軍事裁判所憲章

「第二次世界大戦後のニュルンベルク裁判の基本法である国際軍事裁判所憲章で（人道に対する罪が）初めて規定された。1945年8月8日に制定された同憲章五条及び六条では、(a)平和に対する罪、(b)戦争犯罪、(c)人道に対する罪の三つが、同裁判所の管轄する犯罪とされた。

なお、日本でいう戦犯のA級・B級・C級という区分は、元来はこの憲章規定にあたるという意味であって、「C級よりA級の方が重大」という意味ではない。ニュルンベルク裁判ではナチスによるユダヤ人の大量虐殺（ホロコースト）が衝撃的であったため、C級犯罪である「人道に関する罪」がA級の「平和に対する罪」を凌駕するような印象になったが、検察はA級の「平和に対する罪」を最も訴追した。

日本の戦争犯罪を裁く極東国際軍事裁判における戦争犯罪類型C項でも規定されたが、日本の戦争犯罪とされるものに対しては適用されなかった。連合国側が、日本の場合はナチス・ドイツの「ユダヤ人問題の最終的解決」のような民族や特定の集団に対する絶滅意図はなかったと判断したためである。南京事件いわゆる南京大虐殺については、連合国は交戦法違反として問責し、「人道に関する罪」は適用されなかった。」

https://ja.wikipedia.org/wiki/人道に対する罪　から抜粋

4　ニュルンベルク裁判の「人道に対する罪」から「ジェノサイドの罪」へ

後に「ジェノサイド罪」と呼ばれる国家犯罪は、ニュルンベルク裁判では「人道に対する罪」として裁かれた。後述のように、「人道に対する罪」のうち特に重大なものが「ジェノサイド罪」として独立することになる。1998年のICC条約では「ジェノサイド罪」「人道に対する罪」「戦争犯罪」「侵略犯罪」が規定されている。

ジェノサイド条約成立以降のナチス戦犯裁判としては、イスラエルのアイヒマン裁判（1962年死刑執行）が代表的なもののひとつである。イスラエル刑法に「ジェノサイド罪」があるわけではないので、アイヒマンは「人道に対する罪」で死刑になった。CIAと並んで話題となるモサドであるが、アルゼンチンでアイヒマンを拉致したことは、国際法違反であるが、やむをえなかったと思う。他方、モサド（あるいはイスラエル軍特殊部隊）によるパレスチナの作家ガッサン・カナファーニーの暗殺（1972年）は言語道断である。

1945年に始まるニュルンベルク裁判では、訴状でジェノサイドという言葉が使われたが、判決ではジェノサイドという言葉が使われなかった。1946年に始まるポーランドでのナチス戦犯裁判では、訴状と判決でジェノサイドという言葉が使われた（クーパー1986 : 18-19）。1946年12月の国連総会決議では、ジェノサイド犯罪の処罰が国際社会の関心事であることが、明言された。ジェノサイドが戦争の一環として起こりうることも、戦争とは独立して起こりうることも、認識されてきた。ジェノサイド条約の当初案では「国民的、人種的、民族的、宗教的、政治的集団」の殺戮が対象であったが、ソ連、ポーランドなどの反対で「政治的」は削除された（ibid : 21）。もちろんスターリニズムの犯罪を免責するためであろう。この時点で、「カティンの森事件」がドイツではなくソ連の犯罪であったことは、まだ発覚していない（ソ連のポーランドへの謝罪は1990年）。

これらジェノサイドという用語が国際法で定着していく過程については、クーパーの名著『ジェノサイド』の「第2章　ジェノサイド条約」(邦訳では「ジェノサイド協定」)に詳述されているので、是非参照されたい。

ニュルンベルク裁判・東京裁判において、「人道に対する罪」とは、前二者（平和に対する罪、通例の戦争犯罪）に関連してなされた「殺人、せん滅、奴隷化、強制移送その他の非人間的な行為、もしくは政治的又は人種的理由に基づく迫害行為」である（前田 2000：32)。

ニュルンベルク裁判の判決では「平和に対する罪」(侵略の罪)、「人道に対する罪」「通例の戦争犯罪」がすべて適用されたが、東京裁判の判決では「人道に対する罪」が適用されなかった。南京大虐殺は戦争の一環とみなせるので、松井石根大将は「通例の戦争犯罪」で死刑となった。ホロコーストは戦争によって加速されたが、通例の戦争犯罪のなかに収まらず、戦争と競合する面もあったので（たとえば鉄道輸送の争奪)、「人道に対する罪」が適用された。ニュルンベルク裁判の起訴状（10月6日）では「ジェノサイド」という用語が使われた（サンズ 2018：101)。起訴状でのジェノサイドの説明は「特定の人種や階層に属する人々、および国民、人種、宗教集団、とりわけユダヤ人、ポーランド人、ジプシーその他を絶滅させる目的をもって、占領地域の民間住民に対しておこなわれた、人種・国民集団の殲滅」であった（サンズ 2018：284)。

ジェノサイドは集団の保護に力点をおく概念、人道に対する罪は個人の保護に力点をおく概念である（サンズ 2018：30)。人道に対する罪の提唱者ハーシュ・ラウターパクトもレムキンと同じくユダヤ系ポーランド人である。

表 2　主な戦争犯罪法廷

法廷	被告人	主な罪名
イスタンブール法廷	オスマン・トルコの軍人	人道と文明に対する罪
ライプチヒ法廷	ドイツ帝国の軍人	戦争犯罪
ニュルンベルク国際軍事法廷	ナチス・ドイツの幹部	平和に対する罪、戦争犯罪、人道に対する罪
極東国際軍事法廷	日本軍国主義の幹部	平和に対する罪、戦争犯罪、人道に対する罪
旧ユーゴスラビア国際刑事法廷	旧ユーゴの指導者	人道に対する罪、戦争犯罪
ルワンダ国際刑事法廷	ルワンダの指導者	ジェノサイド、人道に対する罪、戦争犯罪
国際刑事裁判所	世界中の国際重大犯罪実行者	侵略の罪、ジェノサイド、人道に対する罪、戦争犯罪

出典　的場昭弘・前田朗 2024『希望と絶望の世界史』三一書房、17 頁

表 3　各集団に対するジェノサイドの例

集団類型	例	備考
ナショナル（国民的・民族的）	ナチスによるユダヤ人・ポーランド人殺戮（ホロコースト）、ナチスのワルシャワ空爆、13 世紀モンゴル帝国による東欧などでの殺戮、東学農民鎮圧作戦、関東大震災での朝鮮人・中国人虐殺、南京大虐殺、平頂山事件、原爆投下、ドレスデン大空襲、カティンの森事件、マリウポリ無差別攻撃、古代アッシリア帝国による殺戮、ローマによるカルタゴでの殺戮	ナショナルとエスニックの識別が困難なこともある。コリアン・ジェノサイドを朝鮮王朝に対するナショナル、韓国併合後・日帝強占下でのエスニックに分けることもできる。
レイシャル（人種的）	米国などでの先住民迫害、ドイツ帝国によるヘレロ殺戮、東京大空襲、原爆投下	白人に対して核兵器は使いにくかったのではないかという意見がある。ナチス時代に「人種衛生」という言葉があったが、ユ

		ダヤ人差別はレイシャルでなくナショナル・エスニックであった。
エスニック（種族的・民族的）	オスマン帝国によるアルメニア人虐殺、ナチスによるジプシー（シンティロマ）迫害、米国などでの先住民迫害、2023-24年のイスラエルによるガザ侵攻、クルド人に対するハラブジャ事件、ロシア・東欧でのポグロム（ユダヤ人虐殺）、ウクライナの民族主義者シモン・ペトリューラによるポグロム、インドネシアの東チモール侵攻、1994年のルワンダのジェノサイド	
レリジャス（宗教的）	豊臣秀吉・徳川幕府によるキリシタン迫害、島原の乱鎮圧、皇帝ネロのキリスト教徒迫害、異端アルビジョワ派などへの十字軍、ユグノー迫害（1572年サンバルテルミーの虐殺など）、アルメニア人虐殺、ナチスによるエホバの証人迫害、第1回十字軍によるエルサレムでの殺戮	

ジェノサイドは「人道に対する罪」と重なることも多い。どちらも戦時・平時を問わない。ジェノサイド罪は集団の保護に力点があり、人道に対する罪は個人の保護に力点がある。人種差別も民族差別もレイシズム。

ラファエル・レムキン自伝で言及されている例はなるべく入れた。

5　東京裁判判決の翌月にジェノサイド条約が成立

東京裁判の判決は1948年11月（東条英機、松井石根らに死刑）、ジェノサイド条約の採択は1948年12月であった。東京裁判で、松井元陸軍大将の訴因のひとつはジェノサイド（南京大虐殺）であった。死刑判決で「人道に対する罪」は認められず、「通例の戦争犯罪」とされた。

「ジェノサイド（集団殺害）の罪は、もともと人道に対する罪の一部として考えられていた犯罪のうち特に大規模で重大なものを指す。ホミサイド（殺害）の大規模なもの、集団的なものである」（前田2000：32）。

「ジェノサイドは人道に対する罪のなかでも最も重大な犯罪を独立させたものである。国連総会は、1946年の決議でジェノサイド条約の締結を目指すことにした。ホミサイドが人間個人の生命権の否定であるように、ジェノサイドは全人間集団の存在権の否定である」（前田2000：34）。

資料7　国際法におけるジェノサイドの定義

集団殺害罪の防止及び処罰に関する条約（ジェノサイド条約）

1948年12月9日採択、1951年1月12日発効

データベース「世界と日本」（代表：田中明彦）

日本政治・国際関係データベース

政策研究大学院大学・東京大学東洋文化研究所

［文書名］集団殺害罪の防止及び処罰に関する条約（ジェノサイド条約）

［場所］

［年月日］1948年12月9日

［出典］多数国間条約集（上巻），外務省条約局（昭和37年8月），1215-1225頁

［備考］仮訳

［全文］

昭和23年12月9日国際連合総会で採択

昭和26年1月12日効力発生

https://worldjpn.net/documents/texts/mt/19481209.T1J.html

締約国は、

集団殺害は、国際連合の精神と目的とに反し且つ文明世界によって罪悪と認められた国際法上の犯罪であるという、国際連合総会が1946年12月11日付決議96（1）で行った宣言を考慮し、

歴史上のあらゆる時期に、集団殺害が人類に対し重大な損失を被らせたことを認め、

人類をこのいまわしい苦悩から解放するためには、国際協力が必要であることを確信し、

ここに、次に規定することに同意する。

第一条

締約国は、集団殺害が平時に行われるか戦時に行われるかを問わず、国際法上の犯罪であることを確認し、これを、防止し処罰することを約束する。

第二条

この条約では、集団殺害とは、国民的、人種的、民族的又は宗教的集団を全部又は一部破壊する意図をもつて行われた次の行為のいずれをも意味する。

（a）集団構成員を殺すこと。

（b）集団構成員に対して重大な肉体的又は精神的な危害を加えること。

（c）全部又は一部に肉体の破壊をもたらすために意図された生活条件を集団に対して故意に課すること。

（d）集団内における出生を防止することを意図する措置を課すること。

（e）集団の児童を他の集団に強制的に移すこと。

日本はジェノサイド条約未批准である。ICC（国際刑事裁判所）条約にもジェノサイドの同様の定義がある。

集団の性質は、国民的national、民族的ethnic［言語、文化など］、人種的または種族的racial、宗教的religiousである。

国際刑事裁判所に関するローマ規程

1998年ローマ規程採択　2003年ICC設置

https://www.mofa.go.jp/mofaj/gaiko/treaty/pdfs/treaty166_1.pdf

第六条　集団殺害犯罪

(a) 当該集団の構成員を殺害すること。

(b) 当該集団の構成員の身体又は精神に重大な害を与えること。

(c) 当該集団の全部又は一部に対し、身体的破壊をもたらすことを意図し生活条件を故意に課すること。

(d) 当該集団内部の出生を妨げることを意図する措置をとること。

(e) 当該集団の児童を他の集団に強制的に移すこと。

第七条　人道に対する犯罪

この規定の適用上、「人道に対する犯罪」とは、文民たる住民に対する攻撃であって広範又は組織的なものの一部として、そのような攻撃であると認識しつつ行う次のいずれかの行為をいう。

（ａ）殺人

（ｂ）絶滅させる行為

（ｃ）奴隷化すること

（ｄ）住民の追放または強制移送

（ｅ）国際法の基本的な規則に違反する拘禁その他の身体的な自由の著しいはく奪

（ｆ）拷問

（ｇ）強姦、性的な奴隷、強制売春、強いられた妊娠状態の継続、強制断種その他あらゆる形態の性的暴力であってこれらと同等の重大性を有するもの

（ｈ）政治的、人種的、国民的、民族的、文化的又は宗教的な理由、3に定義する性に係る理由その他国際法の下で許容されないことが普遍的に認められている理由に基づく特定の集団又は共同体に対する迫害であって、この1に掲げる行為又は裁判所の管轄権の範囲内にある犯罪を伴うもの

（ｉ）人の強制失踪

（ｊ）アパルトヘイト犯罪

（k）その他の同様の性質を有する非人道的な行為であって、身体又は心身の健康に対して故意に重い苦痛を与え、又は重大な傷害を加えるもの

以下省略

第八条　戦争犯罪

1　裁判所は、戦争犯罪、特に、計画若しくは政策の一部として又は大規模に行われたそのような犯罪の一部として行われるものについて管轄権を有する。

2　この規定の適用上、「戦争犯罪」とは、次の行為をいう。

（a）　1949年8月12日のジュネーヴ諸条約に対する重大な違反行為、すなわち、関連するジュネーヴ条約に基づいて保護される人又は財産に対して行われる次のいずれかの行為

（ⅰ）殺人

（ⅱ）拷問又は非人道的な待遇（生物学的な実験を含む）

（ⅲ）身体又は健康に対して故意に重い苦痛を与え、又は重大な傷害を加えること

（ⅳ）軍事上の必要性によって正当化されない不法かつ恣意的に行う財産の広範な破壊又は徴発

（ⅴ）捕虜その他の被保護者を強制して敵国の軍隊において服務させること

（ⅵ）捕虜その他の被保護者からの公正な正式の裁判を受ける権利のはく奪

（ⅶ）不法な追放、移送又は拘禁

（ⅷ）人質をとること

（b）確立された国際法の枠組みにおいて国際的な武力紛争の際に適用される法規及び慣例に対するその他の著しい違反、すなわち、次のいずれかの行為

（ⅰ）文民たる住民それ自体又は敵対行為に直接参加していない個々の文民を故意に攻撃すること

（ⅱ）民用物、すなわち、軍事目標以外の物を故意に攻撃すること

（ⅲ）　国際連合憲章の下での人道的援助又は平和維持活動に係る要員、施設、物品、組織又は車両であって、武力紛争に関する国際法の下で文民又は民用物に与えられる保護を受ける権利を有するものを故意に

攻撃すること
以下省略する。

外務省はジェノサイド罪を「集団殺害犯罪」と訳している。ICCが管轄権を有する犯罪はジェノサイド、人道に対する罪、戦争犯罪、侵略犯罪であるが、侵略犯罪は定義がまとまらず、まだ条文になっていない（前田 2000：43)。2024年現在も同じである。ジェノサイドは「犯罪のなかの犯罪」とも言われる。多数の集団に対するジェノサイドを意味する「オムニサイド omnicide」という言葉もある（前田 2000：71)。リフトンらも指摘するように、核兵器はオムニサイドの手段となりうる（Lifton and Markusen 1990：3、11、145)。

『広辞苑』第7版（2018）に「オムニサイド」は収録されていない。

Omnicide　名詞　核兵器による皆殺し◆【語源】omni（全て）＋cide（殺すこと）
https://eow.alc.co.jp/search?q=omnicide

Where does the noun omnicide come from?
The earliest known use of the noun omnicide is in the 1950s.
OED's earliest evidence for omnicide is from 1959, in the writing of Kenneth Tynan, theatre critic.　https://www.oed.com/dictionary/omnicide_n?tl=true
（2024年5月4日アクセス）

上記のようにオムニサイドは1950年代（水爆製造の本格化の時代）に登場した新語である。

Ecocide　名詞　環境破壊、エコサイド、生態系の破壊◆不可算◆【語源】eco＋genocide
https://eow.alc.co.jp/search?q=ecocide

「エコサイド」も辞書に収録されないことが多い。

ジェノサイド＋エコサイド→オムニサイド　多数のジェノサイド→オムニサイド

旧ユーゴ紛争以来話題となり、パレスチナ問題についても指摘される「民族浄化」については、独自の「民族浄化罪」というものはなく、「人道に対する罪」に含まれると思う。

国際刑事裁判所条約では、「集団虐殺（ジェノサイド）」「人道に対する罪」「戦

争犯罪」がそれぞれ独自に規定されている（松村・矢野編 2007：393）

資料 8　歴史上のジェノサイドの代表例

Wikipedia「ジェノサイド」エスペラント語版のリストが簡潔でわかりやすい。

Parta listo de la plu elstaraj genocidoj 顕著なジェノサイドの例示

https://eo.wikipedia.org/wiki/Genocido

●La Biblia 聖書 genocido en Kanaano カナン人, en kiu malaperis la kanaanaj gentoj post la invado de Hebreoj, kiel rakontita en la libro de Josuo 旧約聖書ヨシュア記 kaj en Readmono.申命記　旧訳聖書に描かれるようにヘブライ人の侵入後、カナン人は消滅したとみられている。

●Genocido de la Adigoj, oni taksas, ke pli ol miliono da adigoj pereis inter 1864-1860. 19 世紀のロシア帝国によるチェルケス人の虐殺.100 万人以上死亡

●Konga genocide farita de belga reĝo ベルギー王国による植民地コンゴでの虐殺

●Germana genocido de hereroj kaj namoj　ドイツ帝国によるアフリカのヘレロ人・ナマ人の虐殺

●Armena genocido, farita de Otomana Imperio　オスマン帝国によるアルメニア人虐殺

●Asiria genocido オスマン帝国によるアッシリア人の虐殺

●Genocido de la grekoj de la Ponto オスマン帝国によるギリシャ人、ポントゥス人虐殺

●Holodomoro, soveta genocido farita de NKVD per malsatigo de kelkaj milionoj de ukrainoj　ホロドモール（ソ連政府によるウクライナ人数百万人の餓死）

●Genocido de la ingriaj finnoj ソ連によるイングリア・フィン人の虐殺・強制移住

●Genocido de Josif Stalin スターリン en Sovetunio, konata kiel la Granda purigo.大粛清 Laŭ la konkludoj de la komisiono instalita de Boris Jelcin, en la jaro 1937 estis arestitaj 逮捕 136.000 ekleziuloj 聖職者 kaj je ili 85.000

estis mortigitaj 死刑; en la sekvanta jaro estis arestitaj kaj deportitaj 追放 28.000 ekleziuloj kaj je ili 21.500 estis mortigitaj... vidu Gulago.

●Masakro de Katin de kelkdek miloj de polaj oficiroj fare de NKVD カティンの森でソ連秘密警察によるポーランド将校の虐殺

●Holokaŭsto ホロコースト, la tuteŭropa genocido de judoj ユダヤ人 fare de germanaj nazioj　ナチスドイツによる欧州ユダヤ人の虐殺

● "Porajmos" ポライモス, la tuteŭropa genocido de ciganoj fare de Tria Regno ナチス第三帝国によるロマ（旧称ジプシー）の虐殺

●Volinia masakro de poloj fare de ukrainaj naciistoj ウクライナの民族主義者によるポーランド人の虐殺

●Dispartigo de Hindio 戦後の英領インドのインドとパキスタンへの分割に伴う殺害

●Japana amasbuĉo de Nankino　日本軍による南京大虐殺

●Genocido farita de Mao Zedong 毛沢東 en　Ĉinio dum la Kultura Revolucio 文化大革命

●Bangladeŝa genocide　バングラデシュ

●Kamboĝa Genocido　カンボジア（クメール・ルージュ）

●Operaco Anfal アンファール作戦, en Irako kontraŭ la kurdoj イラクのクルド人

●Ruanda genocido ルワンダのジェノサイド

●Genocido en la Balkano, Kosovo Masakro de Srebrenico 旧ユーゴ紛争、コソボのスレブレニツア

●Palestinanoj taksas sian Napha ナクバ（mortigo 殺害, forfuĝigo 立ち退き kaj diasporigo 離散）　kiel genocido; pli evidenta genocido fare de judoj kontraŭ palestinanoj de Gaza strio ガザ地区 kaj ne nur fine de 2023.パレスチナのガザ

●Milito en Darfuro ダルフール戦争、スーダン

●La etna purigo de la Jezidoj fare de la Islama Stato イスラム国によるヤジディ教徒の虐殺

●Birmo akuziĝas ĉe la Internacia Kortumo pri genocido kontraŭ la rohinĝoj
　ミャンマー軍によるロヒンギャ虐殺で国際法廷
●Atombombadoj de Hiroŝimo kaj Nagasako 広島・長崎原爆投下

戸田付記

1948 年の「ナクバ」（イスラエル建国のよるパレスチナ・アラブ人 70 万人の難民化、500 村破壊、1 万 5000 人殺害）は、「ジェノサイド」を含むが、「民族浄化」の代表例とされている。パペ博士の邦訳参照。

ルワンダ国際法廷で世界初のジェノサイド罪適用がなされたのは、1998 年のことであった（前田 2000：第 3 章）。ジェノサイド条約の採択から 50 年を経過していた。1989 年に死刑廃止条約が成立（1991 年発効）しているので、ルワンダ国際法廷も旧ユーゴ国際法廷も国際刑事裁判所も、最高刑が終身刑である。ルワンダ法廷ではジェノサイド罪で複数の終身刑判決が出た。人道に対する罪も適用された。ジェノサイド罪と人道に対する罪の両方で有罪になった人もいる。旧ユーゴ法廷の有罪判決では、人道に対する罪が適用されたが、ジェノサイド罪は適用されなかった。

https://ja.wikipedia.org/wiki/ヘレロ・ナマクア虐殺
https://ja.wikipedia.org/wiki/アルメニア人虐殺
https://ja.wikipedia.org/wiki/ギリシア人虐殺
https://ja.wikipedia.org/wiki/ホロドモール
https://ja.wikipedia.org/wiki/大粛清
https://ja.wikipedia.org/wiki/カティンの森事件
https://ja.wikipedia.org/wiki/ホロコースト
https://ja.wikipedia.org/wiki/ポライモス
https://ja.wikipedia.org/wiki/南京事件
https://ja.wikipedia.org/wiki/バングラデシュ大虐殺_（1971 年）
https://ja.wikipedia.org/wiki/カンボジア大虐殺
https://ja.wikipedia.org/wiki/アンファール作戦
https://ja.wikipedia.org/wiki/ルワンダ虐殺

https://ja.wikipedia.org/wiki/スレブレニツァの虐殺
https://ja.wikipedia.org/wiki/ダルフール紛争
https://ja.wikipedia.org/wiki/日本への原子爆弾投下
https://en.wikipedia.org/wiki/Atomic_bombings_of_Hiroshima_and_Nagasaki
https://fr.wikipedia.org/wiki/Bombardements_atomiques_d%27Hiroshima_et_de_Nagasaki
https://eo.wikipedia.org/wiki/Atoma_bombado_de_Hiro?ima_kaj_Nagasaki

最後の「原爆投下」は私（戸田）が 2024 年 2 月 16 日に Wikipedia エスペラント版に投稿し、翌日承認された。

追加すべきものとしてたとえば、ロシアのチェチェン戦争（ポリトコフスカヤ参照）、東京大空襲などがある。

スターリンの粛清の犠牲者は 2000 万人とも言われる。

NHK「映像の世紀　ロシア　暗殺と粛清　スターリン独裁 2000 万の犠牲者ナワリヌイ謎の獄中死」（2024 年 3 月 18 日）

レオ・クーパーの『ジェノサイド』でもアルメニア人に対するジェノサイドについて詳述されている。

オスマントルコにおけるアルメニア人虐殺、ナチスのユダヤ人虐殺、ルワンダ虐殺が「20 世紀の典型的なジェノサイド」と言われる（松村・矢野編 2007:229）。

「（1994 年のルワンダで）およそ 80 万人が虐殺されたが、そのうち 30 万人は子どもであった」（前田 2002：156）

典型的ジェノサイド（計画的）

日本　1894 東学農民鎮圧作戦
トルコ　1915 アルメニア人虐殺
ロシア　1940 カティンの森事件
ドイツ　1941－45 ホロコースト
米国　1945 東京大空襲、広島・長崎原爆投下
イラク　1988 ハラブジャ事件（クルド人に毒ガス）
ルワンダ　1994 民族紛争　1998 初のジェノサイド罪有罪判決

古代中世のジェノサイドの有名事例に、1099 年の十字軍による虐殺、1637 年

島原の乱鎮圧などがある。

資料9　ナチスドイツのホロコースト　https://eo.wikipedia.org/wiki/Holoka?sto
犠牲者2000万人のうち600万人が欧州ユダヤ人とされている。

- La kvanto da homoj, kiuj mortis en ili, verŝajne estas 15-20 milionoj. Jen estas taksoj pri la kvanto da homoj murditaj en la koncentrejoj:犠牲者合計1500万ないし2000万人
- 5-6 milionoj da judoj （inkluzive de 3 milionoj da polaj judoj）ユダヤ人500-600万人、そのうちユダヤ系ポーランド300万人
- 300.000-800.000 da ciganoj　ロマ（ジプシー）
- 200.000-300.000 da handikapuloj　障がい者
- 10.000-25.000 da samseksemuloj　同性愛者
- 2.000 da atestantoj de Jehovo　エホバの証人
- 2,5- 3,5 milionoj da ne-judaj poloj　ユダヤ系以外のポーランド人
- 3,5-6 milionoj da aliaj slavaj civiluloj　その他のスラブ系民間人
- 2,5-4 milionoj da sovetaj （inkluzive de rusaj） militkaptitoj　ソ連兵捕虜

https://ja.wikipedia.org/wiki/ホロコースト

「ホロコーストで犠牲となったユダヤ人は当初少なくとも600万人以上とされていた。また、同時期にナチス・ドイツの人種政策によって行われたロマ人に対するポライモス、成人の精神障害者へのT4作戦、反社会分子とされた人々（労働忌避者、浮浪者、シンティ・ロマ人など）や障害者、同性愛者（ナチス・ドイツとホロコーストによる同性愛者迫害)、エホバの証人、スラヴ人に対する迫害などもホロコーストに含んで語られることもある。主に独ソ戦における戦争捕虜、現地住民が飢餓や強制労働による死亡者に対しても「ホロコースト」の語が使用されることもあり、こうした広い概念でとらえた場合の犠牲者数は、900万から1100万人にのぼるとする説がある。なお、この語をユダヤ人以外にも拡大使用することについては反対する意見も存在する」

ホロコーストについての文献

芝健介 2008 a『ホロコースト　ナチスによるユダヤ人大量殺戮の全貌』中公新書★
芝健介 2008 b『武装親衛隊とジェノサイド』有志舎
芝健介 2015『ニュルンベルク裁判』岩波書店
エリ・ヴィーゼル『夜』村上光彦訳、みすず書房 1967（1986 ノーベル平和賞）
ダニエル・ゴールドハーゲン『普通のドイツ人とホロコースト　ヒトラーの自発的死刑執行人たち』望田幸男監訳、ミネルヴァ書房 2007
バスティアン・ハイン『ナチ親衛隊（ＳＳ）』若林美佐知訳　中公新書 2024
ラウル・ヒルバーグ 1985 『ヨーロッパ・ユダヤ人の絶滅（上・下)』望田幸男・原田一美・井上茂子訳、柏書房 1997（宗教改革のマルチン・ルターのユダヤ人への暴力を煽る発言にも言及）
ヴィクトル・フランクル 1946『夜と霧　新版』池田香代子訳　みすず書房 2002　生還した精神科医の手記
レオン・ポリアコフ 1971『アーリア神話 ヨーロッパにおける人種主義と民族主義の源泉』アーリア主義研究会訳　法政大学出版局 1985　新装版 2014
プリーモ・レーヴィ 1947『これが人間か』竹山博英訳　朝日新聞出版 2017

ユダヤ人虐殺を「ポグロム」「ホロコースト」「ショア」と呼ぶことはもちろん知っていたが、ロマ（旧称ジプシー）虐殺を「ポライモス」と呼ぶことは今回初めて知った。

リフトンらは、ナチスのジェノサイドの 5 段階を指摘する（Lifton and Markusen 1990 : 57)。

1. 強制断種
2. 障害のある子どもの殺害
3. 障害のある成人の殺害
4. 強制収容所での選別と殺害
5. ユダヤ人の大量殺害

今回、「ジェノサイダル・レイプ」という言葉を初めて知った（前田 2002 : 第 3 章　ジェノサイド強姦)。前田朗は「ジェノサイド強姦」と訳しているが、「ジェノサイド的強姦」のほうがわかりやすいかもしれない。ジェノサイドは「集団殺害」と理解されることが多いが、本来の意味は「集団殺害」を含む「集団の破壊」である。10 万人以上の若い女性を軍隊の性奴隷にした日本帝国主義の支配層に「民族の自尊心」を破壊する意図がなかったとは考えにくい。日本軍慰安婦制度は、ナチズムの強制売春（パウル 1996）と並んで「ジェノサイド的強姦」の代表例であろう。

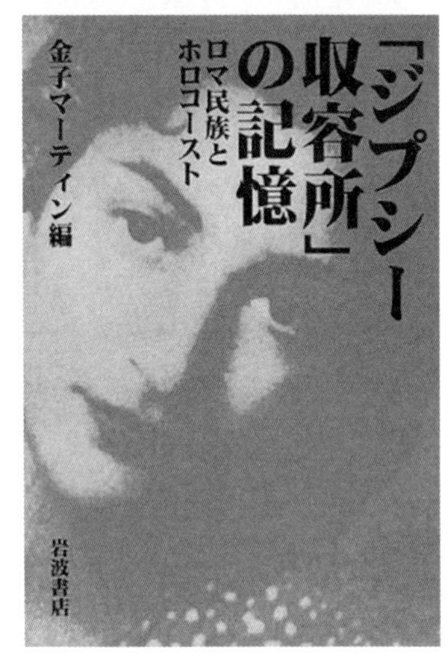

6　日本はジェノサイド条約を批准せず

Wikipedia「ジェノサイド条約」の「日本の未批准」には次のように記述されている。

資料 10　日本の[ジェノサイド条約]未批准

https://ja.wikipedia.org/wiki/ジェノサイド条約

「本条約に日本は、国内法の未整備（例えば条約では「集団殺害の扇動」も対象であるが、日本の国内法では扇動だけでは処罰できない点）の問題があり、未批准となっている。なお、政府が国会答弁や質問書への回答で理由としているのは国内法の未整備であって、日本国憲法第 9 条の問題は理由としていない。

また、ジェノサイド条約第 6 条では、国際刑事裁判所や違反行為が実行された国だけでなく締約国の国内裁判所などにも処罰の権利や義務がある旨規定されており、海賊行為と同様に万民の敵（人類共通の敵とも）(hostis humani generis) の扱いである。そのためジェノサイド条約加入時をはじめとして、締約国同士で他国の現在、及び本条約以前の歴史上のジェノサイドを疑われる行為の指摘合戦をする禊（みそぎ）行為が発生する可能性や、そこに旧日本軍による中国の南京事件が影を落としている懸念も指摘されている。

この件については、2023 年 4 月 27 日の参議院外交防衛委員会において、榛葉賀津也議員から「この南京大虐殺を含めてやましいことあるんじゃないかというがった見方が、批准しない理由として実際ささやかれているわけでございます。これ、批准しないことによってそういう根も葉もないことを言われるということはよろしくないと思いますが、それは全く関係ないんですね」と質問があり。石月英雄政府参考人（外務省大臣官房審議官（総合外交政策局））は「御指摘の点については当たらない」と否定している。」

米国のジェノサイド条約批准も比較的遅く、1988 年であった。ソ連の批准は

1954年（スターリン死亡の翌年）。

イスラエルの批准は1950年、西ドイツの加盟は1954年、東ドイツの加盟は1973年。フランスの批准は1950年、英国の加盟は1970年、中国の批准は1983年。

https://ja.wikipedia.org/wiki/ジェノサイド条約締約国一覧

https://en.wikipedia.org/wiki/List_of_parties_to_the_Genocide_Convention

なお、日本政府は「奴隷条約」も批准していない（前田2000：9）。

Supplementary Convention on the Abolition of Slavery, the Slave Trade, and Institutions and Practices Similar to Slavery

Geneva, 7 September 1956

https://treaties.un.org/Pages/ViewDetailsIII.aspx?src=TREATY&mtdsg_no=XVIII-4&chapter=18&Temp=mtdsg3&lang=en

国連人権委員会の報告者は、日本軍慰安婦は「性奴隷」であったと指摘している。Wikipediaから奴隷条約の説明を引用する。

「奴隷制度廃止補足条約　（正式名称：奴隷制度、奴隷取引並びに奴隷制類似の制度及び慣行の廃止に関する補足条約）とは、国際連合が1926年の国際連盟による奴隷条約を継承し、さらに債務奴隷や農奴、女子の自由な意思に反した結婚の制度、児童労働を含む奴隷全般とそれに類似する制度と風習、奴隷貿易の一切を国際法で禁止する為に制定した条約である。

1956年9月7日の国際連合経済社会理事会に関する全権会議にて採択され、第13条の規定により1957年4月30日に発効した。2018年現在の加盟国は124カ国であるが、日本は現在も署名も批准もしていない」

https://ja.wikipedia.org/wiki/奴隷制度廃止補足条約（2024年5月2日アクセス）

さらに、日本は1968年の「戦争犯罪および人道に対する罪の時効不適用条約」も批准していない（前田2000：36）。

https://en.wikipedia.org/wiki/Convention on the Non-Applicability of Statutory Limitations to War Crimes and Crimes Against Humanity

2024年07月05日朝日新聞（社説）ICCと日本　法の支配　実現の一助に

戦時・紛争下の戦争犯罪、人道に対する罪などを裁く国際刑事裁判所（ICC、オランダ・ハーグ）の赤根智子判事が今春、日本人として初めて所長に就いた。

ウクライナやガザでの戦闘が続くなか、個人の刑事責任を追及するICCの役割は重みを増している。最大拠出国として、政府は様々な形で支援を強めなければならない。

1990年代、旧ユーゴスラビアなどで民族紛争が続き、指導者らの刑事責任を問う国際法廷を国連が個別に設けた。ICCはその流れをくんだ常設裁判所として02年、有志国により創設された。

現在124カ国・地域が加盟し、国連安全保障理事会の付託などにより、管轄はさらに広い地域に及ぶ。

一方で米国、ロシア、中国など非加盟の大国もあり、訴追される側から反発を受けることもある。東京で先月会見した赤根さんは「今は主要国を含む所で戦争犯罪、人道に対する罪が起き、ICCが不処罰の撲滅という一つの信念を貫けるのかという意味で困難な時代」と率直に述べた。

あからさまな政治的圧力もある。昨年3月、ロシアのプーチン大統領らに逮捕状を出したときは、ロシア政府が赤根さんらICC関係者を指名手配する対抗措置をとった。今年5月にICC検察局がイスラエルのネタニヤフ首相の逮捕状を請求した際には、米国議会からICCへの制裁を求める声が出た。

国家が国際司法機関を制約下に置こうという発想は、法の支配という普遍的な価値への脅威であり見過ごせない。

ICCには法と証拠に立脚し、中立で公正な実務を重ねていってほしい。日本政府も折にふれ、支援を表明していくことが求められている。

ICCの対象犯罪の一つである集団殺害（ジェノサイド）の処罰・防止に関する条約を日本が締約していないことについて、赤根さんは「なぜ、と話題になり、恥ずかしい思いをすることがある」と述べて、加入を促した。

同条約の加入には国内法で集団殺害の扇動を犯罪とする必要があり、憲法の表現の自由との関係で見送られた経緯がある。ただ、既に150以上の国が入っている。一部の条項を留保するなど調整を図りつつ、国際社会に向けてジェノサイドを許さない姿勢を明確にする道はないか、議論する必要がある。

年間約 37 億円を拠出しているものの、ICC の日本人職員は十数人で存在感は薄い。インターンを含め、関心をもつ人たちを支える態勢を政府や法曹三者は強めてほしい。　注：下線は戸田による

7　日本軍最初のジェノサイドは日清戦争期の東学農民鎮圧作戦

日本人（政府・軍・民衆）によるジェノサイドあるいはジェノサイド接近事例として、各時期の代表例をあげたい。

日清戦争：1894 東学農民鎮圧（中塚ほか 2024）

平時の自然災害：1923 関東大震災における朝鮮人・中国人・社会主義者虐殺（関原 2023）

満洲事変：1932 平頂山事件（井上 2022）

日中戦争：1937 南京事件（東京裁判で 20 万人、蔣介石の南京軍事法廷で 30 万人の認定）（吉田 1986）

太平洋戦争：1942 シンガポール華僑大検証など（林 2007）

日清戦争期の虐殺として他に「旅順事件」（井上 1995）があるが、これは欧米人記者に目撃されてしまったので、海外でもよく知られている。東学農民鎮圧は欧米でも知名度は低い。

資料 11　2023 年 12 月 29 日（金）しんぶん赤旗 1 面　きょうの潮流

歴史的な記録物を保存するユネスコ「世界の記憶」に今年登録された「東学農民革命」。日清戦争のさなか、日本の侵略に抗した朝鮮の民衆を日本軍が徹底的に弾圧。日本軍最初のジェノサイドともいわれます▼当時、朝鮮の人々は東学農民軍を組織。ライフル銃を持つ日本軍に竹やりや火縄銃で応戦しました。日本政府は掃討作戦を朝鮮全土で実施、5 万人を超える犠牲者が出たとされます▼この 10 月、日本軍の討伐本部が置かれた韓国南西部・全羅南道羅州市に日韓の市民によって「謝罪の碑」が建てられました。きっかけは日本近代史の専門家で奈良女子大の中塚明名誉教授が毎年行ってきた日韓歴史紀行でした▼日本の市民が歴史を知ることで心を込めた謝罪を表そうと碑の建立基金を集め始めます。それを知った韓国の市民も感動と喜びをもって基金に参加。いまも強制動員や「慰安婦」

被害者らから謝罪と賠償を求められている日本政府とは対照的です▼除幕の直前に亡くなった中塚氏と研究を共にした韓国の円光大学・朴孟洙（パク・メンス）名誉教授は話します。謝罪と赦（ゆる）し、和解と共生という新たな日韓関係のモデルが誕生した。この小さな出来事がバタフライ効果となって、羅州が東アジアの平和と世界平和を実現する聖地になることを願う、と▼2024 年は日清戦争から 130 年の節目を迎えます。日本による侵略戦争と正面から向き合う年。歴史の教訓を学び、世界の戦争や紛争を止める年。そして、その思いを共にする政府をつくる年に。

https://www.jcp.or.jp/akahata/aik23/2023-12-29/2023122901_03_0.html

戸田付記

中塚明、井上勝夫、朴 孟洙 2024『東学農民戦争と日本　もう一つの日清戦争』（高文研、旧版 2013）を参照。「明るい明治、暗い昭和」の司馬遼太郎史観の誤りを示している。1894 年 10 月 27 日に「（東学農民軍を）ことごとく殺戮すべし」という大本営秘密命令が出ている。（愼蒼宇 2023「軍隊による朝鮮人虐殺」『歴史評論』9 月号、21 頁）

朝鮮東学農民の死者は約 5 万人、日本軍の死者は 1 人であった。比率 5 万倍。2023-24 年ガザ危機でパレスチナの死者 4 万人、イスラエルの死者 1200 人。比率 30 倍。如何に非対称の圧倒的なジェノサイドであったかが伺える。

日清戦争時の日本軍による虐殺として、旅順虐殺事件と東学農民殲滅作戦があるが、前者は欧米に非難され、後者は黙認された。東学農民はナショナリズムの抵抗なので、欧米帝国主義諸国は鎮圧を容認（中塚ほか 2024：108）。

安重根に暗殺されることになる伊藤博文は日清戦争当時の首相であり、大本営のメンバーとして東学農民に対するジェノサイド（殲滅作戦）の決定に関与していた。法は遡及できないが、1948 年以降の国際人道法に照らすと、伊藤もジェノサイド罪の共犯で有罪である。大本営の関与があるので、明治天皇の上官責任も問われる。

関東大震災が「大正のコリアン・ジェノサイド」であるなら（前田 2024ｂ）、東学農民鎮圧は「明治のコリアン・ジェノサイド」と呼べるであろう。

8　日本人は「ジェノサイドの加害者および被害者」

ジェノサイドの加害と被害について

ドイツ：ジェノサイドの加害（ホロコースト）と被害（ドレスデン空襲）

日本：ジェノサイドの加害（東学農民鎮圧、南京大虐殺ほか）と被害（東京大空襲・原爆）

ロシア：ジェノサイドの加害（カティンの森ほか）と被害（ナチスによる捕虜殺害）

米国：ジェノサイドの加害（原爆ほか）、戦争犯罪の被害（バターン死の行進ほか）

ユダヤ人：ジェノサイドの被害（ホロコースト）と加害（ガザ侵攻）

「ジェノサイドの加害被害ともに極めて重大」が日本の特色

米国人はジェノサイドの加害経験はあるが被害経験がないので、実感がわかないのかもしれない。独裁国・権威主義国のジェノサイドの蓋然性はドイツ、日本、ロシア、カンボジアの例などに明らかであるが「民主主義国はジェノサイドをしない」は神話である。ジェノサイドの誘発要因は民主主義ではなく、帝国主義・大国主義・覇権主義であるが、原爆投下の理由のひとつは「国民に隠して巨額を投じて原爆開発したことの有権者への説明責任」であった。

国際法廷で戦争犯罪を裁かれるのは、アフリカの被告人が多い。米国の戦争犯罪を裁くことは依然として困難である（的場・前田 2024：234）。イラク戦争で言えば、ファルージャ攻撃（2004）はジェノサイダルであったが、訴追は困難であった。

枢軸国の戦争犯罪は戦争の全期間にわたり、内容も多彩である。連合国の戦争犯罪は戦争末期に集中し、内容は無差別爆撃にほぼ限られる。

9　「日本はジェノサイドをしたことがない」とうそぶくウヨク文化人たち

自民党右派の応援団が書いた新刊書を見ると、彼らの歴史修正主義の主な主張は次の 2 点である（西岡・阿比留 2023）。

①「性奴隷」と「20 万人」は嘘である。すなわち、日本軍慰安婦は売春婦であり、20 万人よりずっと少なかった。

②ナチスドイツと違って日本はジェノサイドをしなかった。

つまり、日本によるジェノサイドの歴史的事実を直視することは、自民党右派にとって不都合である。これは、ジェノサイド条約未批准の背景要因のひとつであろう（西岡力・阿比留瑠比 2023『安倍晋三の歴史戦』産経新聞出版）。

坂本多加雄は、西尾幹二の『異なる悲劇　日本とドイツ』（文春文庫 1997）について、次のように述べた。「ナチスの「ユダヤ人虐殺」と日本の「戦争犯罪」を同一視する無知に立脚した「戦後補償」論の欺瞞と誤謬を冷徹に解明。「従軍慰安婦」論争の原点ともいうべき話題作」

https://books.bunshun.jp/ud/book/num/9784167507022

西尾は、産経新聞論説委員の記事を引用する。「ナチスドイツと日本の根本的相違は、ニュルンベルク裁判と東京裁判を比較すればよくわかる。連合国は裁判所条例によって〈平和に対する罪〉〈人道に対する罪〉〈通常の戦争犯罪〉という三つの訴因を定めた。前二者はそれまでの国際法にない概念だから、本質的には不当な事後法の適用である。もっとも重要なのは、「日本側に対しては〈人道に対する罪〉を有罪の訴因とする処罰が結局行われなかった」（清水正義氏ら『現代史における戦争責任』）ことだ。ナチスドイツがユダヤ人に実行したようなジェノサイド（組織的殺戮）は日本と無縁である」（『諸君！』94 年 1 月号）西尾 1997：100／清水・芝野・松本 1990：58　参照）

「東京裁判についていえば、人道に対する罪の規定によって処罰されたわけではなく、実際には既存の犯罪類型で処罰されたのであり」（前田 2000：19）。

この西尾の理屈にごまかしがある。ホロコースト（ユダヤ人虐殺）や「ポライモス」（ロマ＝旧称ジプシー）のようなジェノサイドと、南京大虐殺のようなジェノサイドは類型が異なるのであるが、どちらもジェノサイド条約で定義するジェノサイドに含まれると思う。20 世紀前半のジェノサイドのタイプ分けを試みたい。

Ａ極端な人種主義と従来技術による計画的ジェノサイド　例：ホロコースト、ポライモス

Ｂ先端技術による計画的瞬発的ジェノサイド　例：原爆投下

Ｃ通常の戦争の過激化　例：東京大空襲

Ｄ従来技術による非計画的ジェノサイド　例：南京大虐殺

Ａは「流れ作業的な大量殺害」という側面を見れば、「家畜の近代的屠畜」に似ている。ナチスはユダヤ人の移送に家畜用貨車を用いた（パターソン 2007 参照）。また、Ａは戦争と競合するのに対して、ＢＣＤは戦争の一部である。しかしＡは戦争によって加速されたとも言える（1942 年ヴァンゼー会議）。ドイツの鉄道輸送力は有限であるから、ドイツ軍の輸送とユダヤ人の輸送は競合したのである。Ａの背景には異様な人種主義的世界観があった。南京事件は非計画的であるが偶発的ではなく、当時の日本軍の構造と思想に根ざしていた。たとえば「兵站軽視」のため食料をかなり現地調達に頼り、大勢の中国兵捕虜を養えず「処分」した。後のガタルカナル苦戦などにも兵站軽視が影を落とす。国際人道法（民間人、捕虜の保護など）についての教育の軽視も虐殺を促進したと思う。計画的であるという意味では、むしろ日清戦争時の東学農民戦争鎮圧のほうが、典型的なジェノサイド作戦と言えるであろう（中塚ほか 2024）。ナチスのような過激な人種主義ではないが、背景に朝鮮人蔑視はあった。

死者の数で言うとホロコーストは数百万人、南京事件と原爆投下は数十万人であった（数百万人のジェノサイドを行ったのはヒトラーとスターリン）。質的には甲乙つけがたい。ＡＢは 20 世紀に初めて登場したが、Ｄは伝統的ジェノサイド（たとえば 1099 年のエルサレム虐殺）の延長上にある。西尾は「日米などは戦争犯罪をしたが、ナチスと違ってジェノサイドはしていない」と言ってしまった。「南京事件はジェノサイドでなかった」と言いたかったのであろうが、「原爆

投下も戦争犯罪ではあるが、ジェノサイドでない」と言ってしまった。米国人リフトンらの『ジェノサイダル・メンタリティ』の副題が「ナチス・ホロコーストと核の脅威」であったことを想起しておこう。西尾から見てリフトン博士は「自虐的な米国人」なのであろうか。

ニュルンベルク裁判、1945-46年。

東京裁判、1946-48年11月。

ジェノサイド条約、1948年12月採択。

であるから、両裁判の時期にジェノサイド概念は十分に浸透していなかった。Aは戦争と競合するので「通常の戦争犯罪」として議論することが困難であり、「人道に対する罪」を適用することになったと想像される。日本は「戦争と競合するタイプのジェノサイド」を行っていなかったので、「通常の戦争犯罪」が適用された。「日本も米国もジェノサイドを行った」が事実であり、「日本はジェノサイドをしていない」はプロパガンダである。

歴史教育では、「大正デモクラシー」は教えるが「昭和ファシズム」は教えない。「日本によるジェノサイド」もほとんど教えない。

「(大江健三郎氏に) 今後は広島 (原爆) について書くのをお止めになるよう、ご忠告申し上げる」という暴言にも驚かされる (西尾 1997 : 231)。

保守派の評論家である江藤淳は米国政府 (GHQ) について、次のように述べる。「「軍国主義者」と「国民」の対立という架空の図式を導入することによって。「国民」に対する「罪」を犯したのも、「現在および将来の日本の苦難と窮乏」も、すべて「軍国主義者」の責任であって、米国には何らの責任もないという論理が成立可能になる。大都市の無差別爆撃も、広島・長崎への原爆投下も、「軍国主義者」が悪かったから起こった災厄であって、実際に爆弾を落とした米国人には少しも悪いところはない、ということになるのである」(江藤 1989 : 233)。

日本の戦争犯罪が米国の戦争犯罪を誘発したのは事実であるが、それは米国の戦争犯罪が免責されるべき理由にはならない。江藤は「プレス・コード」によって原爆報道や原爆病の研究発表が原則禁止になったことには言及しない。例外的に出版を許可された永井隆医学博士の『長崎の鐘』(1949) が、米国人記者によるフィリピン戦のルポ (日本軍の戦争犯罪の記述を含む) を巻末につける条件で許可されたことへの言及もない。江藤は「本多勝一記者の〝南京虐殺〟に対する異常な熱中ぶり」（江藤 1989：234）などの表現で、日本の加害の解明への反発を表明している。

小池百合子東京都知事は2017年以降8年連続で、横網町公園での朝鮮人犠牲者追悼式典への追悼の辞送付を拒否した。都教委の副読本『江戸から東京へ』でも「虐殺」の文字を削除した。横浜市の副読本でも「虐殺」を「殺害」に書き換え、軍隊や警察の関与を示す記述を削除している（愼蒼宇 2023：17）。

石原慎太郎都知事（当時）でさえ、追悼の辞を送付していた。小池は石原よりもウヨクなのだろうか？

2024年1月に山本一太群馬県知事は強制連行犠牲者らの追悼碑破壊の代執行を行った（藤井 2023も参照）。

陸上自衛官と海上自衛官の靖国神社集団参拝があり、靖国神社の宮司に元海将が就任したのも2024年の状況である。

・藤井正希 2023『検証・群馬の森朝鮮人追悼碑裁判　歴史修正主義とは？』雄山閣

10　核兵器は「ジェノサイド兵器」「オムニサイド兵器」

通常兵器は 1 万発、10 万発の単位で大量使用すればジェノサイドを起こすことができる。核兵器は、ジェノサイド以外の使い方ができない（核兵器の人道的側面、「絶対悪」）。東京大空襲と広島・長崎原爆投下がその例である。10 万人死亡の 3 月 10 日東京大空襲は 300 機以上のＢ29（そのうち数機は日本軍に撃墜された）が数十万発の爆弾を投下することで可能になった。原爆はＢ29 のわずか 1 機で 1 発の爆弾である。

私は「ジェノサイド兵器」という言葉を 2024 年 3 月の新聞記事で初めて見た。ビキニ水爆実験被災者の追悼集会でのマーシャル政府代表の発言である。ハイネ大統領は、3 月 1 日の式典で、「核兵器はジェノサイド兵器だ。禁止条約は支持するが、（被害者支援と環境修復について定めた）第 6 条が弱いため、批准には至らない」と述べた（土田 2024）。

「広島は「世界戦争」という観念を変えてしまった、人間が人類と戦争するという新しい観念を生んでしまったのだ」（リフトン『ヒロシマを生き抜く』下巻 415 頁）。オッペンハイマーは 1949 年の会議で「水爆はジェノサイド兵器だ」と明言した（ジェノサイド兵器は、weapon of genocide または genocidal weapon）。水爆を「皆殺し兵器」と呼んで反対した科学者は、オッペンハイマー、エンリコ・フェルミ、ジェームズ・コナントなどである（リフトン&ミッチェル　1995：上巻 244）。

1948 年に米軍が準備した「トロージャン・プラン」では、ソ連の 70 都市に 133 発の原爆を投下し、死者 1000 万人以上を出すことを想定していた（Lifton and　Markusen, 1990 : 26-27）。ソ連の原爆実験（1949）の前年のことである。また、米国は朝鮮戦争、ベトナム戦争などで数回、核兵器の使用を検討した。ベトナムのディエンビエンフーで仏軍が敗れたとき（1954 年）もその例である（ibid : 36）。1960 年代には米ソ核戦争の死者 6 億人が想定されていた（エルズバーグ 2020 ; 戸田 2020）。さらに、マクナマラ国防長官の時代には、ソ連人口の

25%を殺す核戦力が想定されていた(Lifton and Markusen, 1990:29, 208)。核兵器は「セルフジェノサイド(人類の自滅)」をもたらすことがありうる(ibid:11)。1962年のキューバ危機では、米ソ双方が核兵器発射の直前まで行ったことが知られている。無謬の人間はいないし、事故、故障、誤作動のない機械もない。

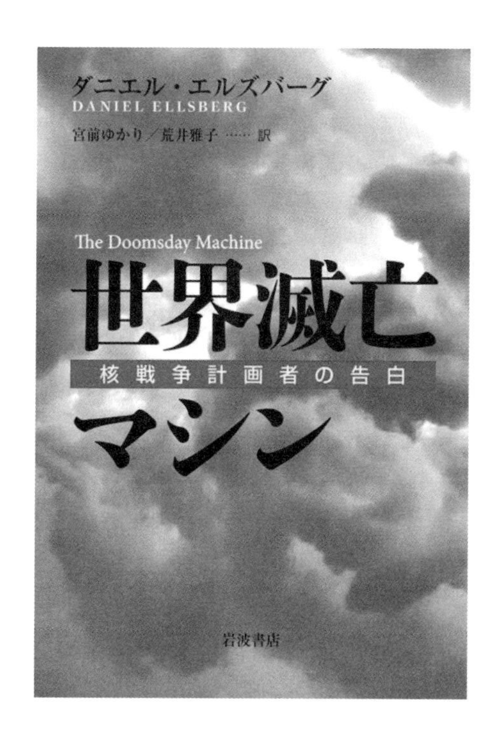

トルーマン大統領自身も、国民向けに原爆を「ただのもう一つの兵器」と呼ぶ一方で、補佐役たちとの会合では、原爆は「われわれが持っているどんなものより破壊力がある。君たちはこれが軍事兵器ではないということを理解しなければならない。それは女性や子ども、武器を持っていない人びとを抹殺するために使用されるもので、軍事利用するものではない。われわれは、これをライフルや大砲など通常の兵器と区別して扱わなければならない」と発言している(リフトンとミッチェル『アメリカの中のヒロシマ』上巻256-257頁)。つまり、通常兵器と違って「大量破壊兵器」は「ジェノサイド兵器」であることを自覚していた。

ジェセフ・ガーソン『帝国と核兵器』

核兵器は、ジェノサイド以外の使い方（実戦使用）ができない。実戦使用は必ずジェノサイド（ニュークリア・ホロコースト）になる。「長崎を最後の被爆地に」は実現しなかった。劣化ウラン兵器（準核兵器とも呼ばれる）が何度も実戦使用されたからだ。劣化ウラン弾は「被爆」でなく「被曝」であるが、その影響は「入市被爆」に近い。核兵器の「使い方」は、実戦使用のほかに、核実験と臨界前核実験がある。核実験の健康影響は過少評価されてきた。マーシャル諸島やセミパラチンスクなどの現状を見られたい。

無差別爆撃（戦略爆撃）という戦争犯罪は、枢軸国が始めて、連合国が激化させたものである（前田 2006）。ゲルニカ、重慶、ドレスデン、東京、広島・長崎という象徴的な都市があげられる。東京大空襲、原爆投下、水爆時代初期を通じて米国戦略空軍（陸軍航空軍および空軍）のトップにいたのは、カーチス・ルメイ将軍であった（Lifton and Markusen，1990：177-181）。ルメイは航空自衛隊を指導した功績により、1964 年に日本政府から叙勲されている。10 万人単位の日本人を殺した人物を表彰するとは、日本政府・自民党は実に「自虐的」だ。

レオ・クーパー弁護士の『ジェノサイド』でも、原爆投下およびハンブルグ、ドレスデン大空襲はジェノサイドであったと指摘されている（クーパー1986：48）。「広島と長崎への原爆投下は、絶対的なホワイト・カラーの技術的ジェノサイドを代表するものである」（ibid：119）。

世界の核弾頭数は、チェルノブイリ核発電所事故（1986）の頃がピークで約6万発であり、現在は約1万2000発。

米軍基地や化学工場の近辺でPFAS汚染が問題になっているが、デュポンのテフロンすなわちPFAS（有機フッ素）は、原爆開発のマンハッタン計画にも貢献した（ミッチェルほか2020：第1章）。ウラン濃縮はフッ化ウランで行うが、無機フッ素は装置を腐蝕する。有機フッ素樹脂でコーティングすると腐蝕防止になったのである。

核兵器禁止条約（TPNW、2017採択、2021発効）の批准に抵抗するのも、後述の「ジェノサイダル・メンタリティ」の症状のひとつであろう。日米安保条約と日米同盟を支持することは、「ジェノサイダル・システム」を容認することを意味する。核発電（原発）の維持は、「潜在的核武装」「潜在的核抑止」を意味する（青木2023）。核保有国は9カ国。ロシアとイスラエルの高官が最近の軍事作戦に際して「核威嚇」を行った。核発電保有国は約30カ国である。EU諸国の約半数、OECD諸国の約半数が核発電保有国である。岸田政権は「原発回帰」をかかげるとともに、石炭火力発電に固執している。

2023年のG7広島サミットの宣言は、核抑止を容認した（内藤・三牧2024：197）。被爆地の選挙区選出の首相が被爆地から「核抑止容認・核兵器禁止条約黙殺」を発信してしまったのである。「閣議決定改憲」や「国際会議改憲」（日米会談を含む）によって平和憲法を壊すことは許されない。

G7の核への姿勢は、ダブルスタンダードどころか、トリプルスタンダードだと思う。

敵の核は悪：ロシア、中国、北朝鮮

味方＝西側帝国主義陣営の核は善：米英仏（とイスラエル）

その他の核は善でも悪でもない：インド、パキスタン

原発保有＝潜在的核武装、核兵器保有または核保有国との同盟（日米ほか）は

潜在的ジェノサイドである。
https://ja.wikipedia.org/wiki/東京大空襲
https://ja.wikipedia.org/wiki/重慶爆撃
https://en.wikipedia.org/wiki/Nuclear_holocaust
https://fr.wikipedia.org/wiki/Holocauste_nucléaire
https://ja.wikipedia.org/wiki/カーチス・ルメイ

「（東京裁判でインドの）パール判事は、日本軍による残虐な行為の事例は、「ヨーロッパ枢軸の重大な戦争犯罪人の裁判において、証拠によって立証されたところのそれ（ホロコースト）とはまったく異なった立脚点に立っている」と指摘した。これは、戦争犯罪人がそれぞれの指令を下したとニュルンベルク裁判で認定されたナチス・ドイツの事例との重要な違いを示すものである。その上で判事は、「（アメリカの）原爆使用を決定した政策こそが、ホロコーストに唯一比例する行為である」と論じ、原爆投下こそが無差別的破壊として、ナチスによるホロコーストに比べられる唯一のものである、としたのである」。梅津美治郎元大将と東郷茂徳元外相の弁護を担当した米国人のブレイクニー弁護士も原爆投下を厳しく批判した（山我 2024 : 128-129）。全員無罪を主張したパール判事の「見識」には共感できないが、原爆についての彼の見解は妥当であると思う。ずるずると拡大した南京大虐殺と比較すると、ホロコーストや原爆投下の計画性は明らかであろう。

資料 12（惜別）アシュトン・カーターさん　元米国防長官
朝日新聞 2023 年 02 月 25 日夕刊

■理路整然、核問題に強い思い

22 年 10 月 24 日死去（心臓発作）　68 歳

理論物理学者として歩み始めた人生は、テクノロジーの重要性を知る安全保障の専門家、そして米国防長官というキャリアにつながっていった。

若手の研究者時代、レーガン政権の戦略防衛構想（SDI）の問題点を指摘した報告書で注目された。クリントン政権で国防次官補に。最大の仕事が、冷戦終了後の旧ソ連諸国の核兵器解体などを支援する「ナン・ルーガー計画」の実行だった。

核問題には強い思い入れがあった。私は2000年代に大学教授と大学院生、10年代には国防総省高官と記者という関係で接した。教授時代、学生から広島と長崎への原爆投下について見解を問われ、厳しい表情で「ジェノサイド（集団殺害）だ」と言い切った。公職を離れていたからこそ口にできた言葉ではあっただろうが、踏み込んだ発言が印象に残った。

一方で、核拡散を阻止するためには武力行使もいとわない強硬姿勢を見せた。06 年、北朝鮮が発射を準備していた長距離弾道ミサイルについて米紙に寄稿。「米国への核攻撃を可能にするミサイルを持たせてはならない」として、発射準備を続けるなら、発射前に破壊する意図を表明すべきだ、と訴えた。

高い実務能力が評価され、オバマ政権で国防次官、ナンバー2 の国防副長官、そして国防長官として巨大組織のかじ取りを担い続けた。突然の訃報（ふほう）にあたって、米メディアが過激派組織「イスラム国」掃討と並んで実績に挙げたのが、米軍のすべての職種を女性に開放したことや、トランスジェンダーの人々の入隊を認めない方針を転換したことだった。

退任後のテレビ番組で、判断の理由を振り返った。「（性別に関係なく）最もその仕事にふさわしい能力を持つ人物が、職務を担うべきだからだ」。カーターさんらしい、理路整然とした語り口だった。

国防副長官だった2013年のインタビューでは「国防総省はアジア太平洋にシフトする」と語った。（大島隆）

朝日新聞 2024年08月10日　時時刻刻　世界の分断、長崎で鮮明　被爆79年

（前略）■米欧、いびつな正義露呈　遠藤乾・東大教授（国際政治）

長崎市長は「政治的な判断ではない」としているが、パレスチナ自治区ガザにおける過剰な殺戮（さつりく）を踏まえれば、イスラエルをロシアと同様に招待しないという判断は成り立つ。反ユダヤ主義に基づく主張ではない。イスラム組織ハマスの昨年10月の攻撃は不正だ。だがイスラエルの軍事作戦は被害に対してあまりにも不釣り合いな市民の犠牲、特に子どもの犠牲を出している。原爆投下にも共通するが、自衛権では正当化しがたい加害だ。

この不正義を見過ごす6カ国の認識のゆがみは歴史的なものだろう。米国とイスラエルは、新大陸とパレスチナにそれぞれ入植したという「建国の物語」を持ち、キリスト教とユダヤ教という宗教も同根で、理屈を超えた連帯感がある。ドイツや英国などの西欧諸国には、かつてユダヤ人を抑圧してホロコースト（大虐殺）にいたった贖罪（しょくざい）意識やイスラエル建国に関わった罪悪感から、イスラエルを反射的にかばう傾向がある。

6カ国の連名で地方自治体に書簡を送るのは異例だ。これらの国の「いびつな正義感覚」を目立たせる結果を招いている。（聞き手・真野啓太）（後略）

ウヨクの応援団として南京大虐殺を否定するケント・ギルバート弁護士でさえ次のように述べている。

「そもそも核兵器を使うということは、必ず民間人の犠牲者が出るということです。言いかえれば、核兵器の使用は必ず戦時国際法違反になります。つまり核保有国というのは、いざというときは国際法を無視しますと宣言している国なんです。自分の国を守るためなら、他国の無辜の民は犠牲にしますという意味です。日本でも最近は核武装論を唱える人が増えていますが、日本人にそこまでの覚悟があるのかどうか。私は大いに疑問です」（ギルバート、井上 2018：109）

山我浩 2024『原爆裁判 アメリカの大罪を裁いた三淵嘉子』毎日ワンズ（巻末に 1963 原爆判決全文収録。NHK 朝ドラ「虎に翼」も「原爆裁判」を描いている。）

東京大空襲を指揮したカーチス・ルメイ将軍にも、「戦争犯罪」の自覚はあった。

「戦後のルメイは日本爆撃に道徳的な考慮は影響したかと質問され、「当時日本人を殺すことについて大して悩みはしなかった。私が頭を悩ませていたのは戦争を終わらせることだった」「もし戦争に敗れていたら私は戦争犯罪人として裁かれていただろう。幸運なことに我々は勝者になった」「答えは“イエス”だ。軍人は誰でも自分の行為の道徳的側面を多少は考えるものだ。だが、戦争は全て道徳に反するものなのだ」と答えた。また自著で「焼夷弾空襲での民間人の死傷者を思うと、私は幸せな気分にはなれなかったが、とりわけ心配していた訳でもなかった。私の決心を何ら鈍らせなかったのは、フィリピンなどで捕虜になったアメリカ人—民間人と軍人の両方—を、日本人がどんなふうに扱ったのか知っていたからだ」と述べている」

https://ja.wikipedia.org/wiki/カーチス・ルメイ

表４　世界の核弾頭数（推定）

	現役核弾頭	全保有数	核兵器取得年
ロシア	４３８０	５５８０	１９４９年
米国	３７０８	５０４４	１９４５年
中国	５００	５００	１９６４年
フランス	２９０	２９０	１９６０年
英国	２２５	２２５	１９５２年
パキスタン	１７０	１７０	１９９８年
インド	１７０	１７０	１９７４年
イスラエル	９０	９０	１９７９年？
北朝鮮	５０	５０	２００６年
合計	９５８３	１２１２０	

世界の核弾頭一覧　2024年6月1日現在

長崎大学核兵器廃絶研究センター

https://www.recna.nagasaki-u.ac.jp/recna/nuclear1/nuclear_list_202406

備考　ピークの1986年には世界で約6万発だった。「取得年」は戸田による補足。

11　ICJがイスラエルにジェノサイド防止命令

資料13　南アフリカによる国際司法裁判所（ICJ）提訴（2023年12月）について
（清末2024b講演資料から抜粋）

提訴　アパルトヘイトという共通点（南アは1994撤廃）

2024年1月12日と13日　予備公聴会（南アフリカ、イスラエル）

1月26日　仮保全措置命令（6項目）。ジェノサイドの蓋然性。即時停戦は入らなかったが、かなり踏み込んだ画期的判断。事実上、南アフリカの「勝利」。

ICJの決定と法的拘束力：拘束力はあるが、その履行の強制はできない。しかし、圧力にはなる。その結果がUNRWAの資金拠出一時停止をもたらすための嫌がらせ（米国、日本など）。

6項目

①ジェノサイドの防止措置を講じること。ジェノサイド条約2条で明記されている行為すべて、とりわけ（a）集団構成員の殺害、（b）身体又は精神に重大な害を与えること、（c）身体的破壊をもたらすことを意図した生活条件を故意に課すること、（d）出生を妨げることを意図する措置をとること。

②　措置命令の履行のために講じた措置を1カ月以内に報告すること、イスラエル軍が上記の行為をしないようにすることを確保すること。

③ジェノサイドの指示・扇動に対する防止・処罰の措置を講じること。

④ガザの人びとに必要とされる基礎的なサービスと人道支援の提供を可能とする措置を直ちに講じること。

⑤ジェノサイドに関する証拠隠滅防止と証拠の保全措置を講じること。

⑥国際司法裁判所に対し、仮保全措置命令の履行のために講じた措置を1カ月以内に報告すること。

International　Court　of　Justice

暫定（仮保全）措置命令

● Order of 26 January 2024

- 192 - Application of the Convention on the Prevention and Punishment of the Crime of Genocide in the Gaza Strip　(South Africa v. Israel)
  ガザ地区へのジェノサイド防止処罰条約の適用について　南アフリカ対イスラエル
- Incidental Proceedings
- Provisional measures 暫定措置、仮保全措置
- Fri, 01/26/2024 - 12:00
- 192-20240126-ord-01-00-en.pdf 措置命令の英語全文 29 頁　仏語全文もある

https://www.icj-cij.org/node/203447

資料 14　ネタニヤフ首相の発言と旧約聖書の「アマレク人」　ジェノサイドの扇動か？

- 「(国際司法裁判所でのジェノサイド条約についての審理で) 南ア側はネタニヤフ首相らイスラエル政府・軍首脳の発言を引き、ジェノサイド実行の意図がうかがえると指摘しました。例えばネタニヤフ氏は、軍が地上侵攻作戦を準備していた昨年 10 月末以降、「アマレク人を忘れるな」と繰り返し、兵士をあおりました。アマレク人は旧約聖書に描かれたイスラエル民族の敵で、絶滅の対象でした。現にガザに地上侵攻した兵士は「アマレクの子孫を一掃する」と叫び、パレスチナ人の子どもらの殺害を正当化しました」(坂口明「南アがイスラエルを国際司法裁に提訴」しんぶん赤旗日曜版 2024 年 1 月 28 日号)
- アマレク人は旧約聖書の各所に出てくるが、サムエル記が最も有名である。サムエル記は「サムエル記上」と「サムエル記下」に分かれるが、サムエル記上 15 章は「アマレク人との戦い」という見出しがついている。15 章 1－3 節を引用する。「サムエルはサウルに言った。「主はわたしを遣わして、あなたに油を注ぎ、主の民イスラエルの王とされた。今、主が語られる御言葉を聞きなさい。万軍の主はこう言われる。イスラエルがエジプトから上って来る道でアマレクが仕掛けて妨害した行為を、わたしは罰することにした。行け。アマレクを討ち、アマレクに属するものは一切、滅ぼし尽くせ。男も

女も子供も乳飲み子も、牛も羊も、らくだもろばも打ち殺せ。容赦してはならない」（共同訳聖書実行委員会『聖書　新共同訳』、日本聖書協会 1987、1988、旧 451 頁）

下線は引用者（戸田）による。

●ザメンホフ博士の「サムエル記上 15 章」エスペラント訳も下記に引用する。

「アマレク人との戦い」という見出し、「罰する」という言葉はない。

Kaj Samuel diris al Saul;Min sendis la Eternulo,por sanktolei vin kiel reĝon super Lia popolo,super Izrael ;aŭskultu do la voĉon de la vortoj de la Eternulo.Tiel diris la Eternulo Cebaot :Mi rememoris,kion faris Amalek al Izrael,kiel li baris la vojon al li,kiam ĉi tiu iris el Egiptujo.Nun iru kaj frapu Amalekon,kaj ekstermu ĉion,kion li havas ;ne indulgu lin,sed mortigu la virojn kaj virinojn,infanojn kaj suĉinfanojn,bovojn kaj ŝafojn,kamelojn kaj azenojn.*Biblio*,2006,p.292

出エジプト記 17 章にも「アマレクとの戦い」という見出しが、申命記 25 章にも「アマレク人を滅ぼせ」という見出しが見られる。

ネタニヤフ首相の「アマレク人」発言については、高橋哲哉 2024 でも言及されている。

12　ホロコーストの被害者を代弁するはずのイスラエル政府を盲信するドイツほか欧米諸国

米国政府はガザ地区南部での軍事作戦を懸念しつつ、イスラエルへの武器供与を継続している。ホロコーストへの反省からイスラエル政府を盲信するドイツ政府も同様である。アイルランド政府は、「南アフリカ対イスラエルのICJジェノサイド法廷」に参加を表明した（ロイター2024a）。欧米諸国のなかでは良心的である。

「ドイツはロシアのウクライナ侵略を機に軍事費を大幅に増額し、イスラエルには米国に次ぐ巨額の武器支援をしています」「大学生のナーシャさん（20）は「ドイツは第2次世界大戦の歴史から『イスラエルの安全を守るのが国是』としているけど、過剰なイスラエル擁護で世界から孤立している。ドイツ政府や主要メディアはガザの人々には人権がないと言わんばかりの姿勢で、国家的人種差別だ」と批判しました」（吉本2024）

2024年4月3日には英国の元最高裁長官、弁護士、法学者ら約600人が、ジェノサイド条約に加入する英国政府は、国際法違反への加担を避ける義務があるとする共同書簡を公開し、スナク首相にイスラエルへの武器売却をやめるよう求めた（無署名2024）。4月5日には欧州法律支援センター、パレスチナ公共外交研究所など4団体が、イスラエルへの武器輸出中止を求めてベルリンの行政裁判所に提訴した（しんぶん赤旗2024年4月9日国際面）。

国連人権理事会は2024年4月5日、イスラエルへの武器売却停止やガザでの即時停戦を求める決議を行った。決議に28カ国が賛成、イスラエルに武器を輸出している米独など6カ国が反対、日本は棄権だった。カナダやスペインはイスラエルへの新たな武器輸出を停止する方針を出した（しんぶん赤旗2024年4月7日1面）。

イスラエル支配層のイデオロギーは「シオニズム」である。シオニズムの指導者テオドール・ヘルツルの著書『ユダヤ人国家』（1896）は30年以上前に邦訳されている。19 世紀欧州でのユダヤ人迫害とナショナリズムの流行を背景に「ユダヤ人国家」の建設が構想された。候補地はパレスチナとアルゼンチンであった。英国政府はウガンダを提案した。パレスチナは旧約聖書の約束の地であるとともに、英仏帝国主義の中東における前哨にもなる。チャーチルもシオニズムを支援した。イスラエル政府に近い学者のひとりはアザー・ガットである。テルアビブ大学の国家安全保障学の教授であり、イスラエル陸軍予備役中佐。国家の成立、近代文明と産業革命、自由民主主義、核抑止のおかげで過去数千年にわたり戦争と暴力は減少してきたと主張する。ガット『文明と戦争』の訳者チームのなかに複数の防衛省関係者がいる。

「自分の悪の問題で手一杯なドイツ人は、西洋全体が犯した悪の歴史について、一般に関心も、知識もない」（西尾 1997 : 139）のかもしれない。「自分の悪」とはホロコーストのことであり、「西洋全体の悪」とは、欧米で 500 年前からの、日本で 150 年前からの帝国主義、植民地主義のことである。「500 年」は「コロンブス 500 年」を意味する。「150 年」は、日本帝国主義の始まりを 1870 年代（台湾出兵、江華島事件）に見た歴史観である。ドイツでイスラエル政府批判は「反ユダヤ主義」とみなされるようだ（相田 2024）。米国も同様である。

米国政府が拒否権発動や武器援助でイスラエルを擁護する理由は 3 つあると思う。第一に「イスラエル・ロビー」の共和党、民主党への圧力である。米国はユダヤ系の人口が多く、その大多数はイスラエル政府支持である。第二に、共和党右派の支持基盤として知られる「キリスト教原理主義」勢力である。別名「エバンジェリカル」「クリスチャン・シオニズム」である。最近数十年は「イスラム原理主義のテロ」が話題になるが、もともと「ファンダメンタリスト」はキリスト教過激派をさしていた。グレース・ハルセルの名著は必読である。第三は軍需産業の要望である。西欧、産油国、日本などと並んで、イスラエルは儲け口である。

イスラエル政府・シオニズムを批判するユダヤ人は少数派で、サラ・ロイ（ユダヤ系米国人）、イラン・パペ（在英イスラエル人）、ダニー・ネフセタイ（在日イスラエル人）などがあげられる。

ロシアのウクライナ侵略を国際法違反と非難しつつ、イスラエルの自衛権を擁護する米国などは、二重基準（ダブル・スタンダード）の批判を免れない。二重基準は通常、「権威主義国の戦争犯罪を非難しつつ、民主主義国の戦争犯罪を黙認する」形をとる。

資料 15　ジェノサイドを否認する米政府高官

ガザ「集団殺害」を否定　米大統領補佐官

朝日新聞 2024 年 05 月 15 日 9 面外報

パレスチナ自治区ガザでのイスラエル軍の作戦をめぐり、サリバン米大統領補佐官（国家安全保障担当）は 13 日、記者会見し、「ジェノサイド（集団殺害）ではない」との認識を改めて示す一方、ラファで大規模な作戦を行うことは「膨大な数の市民を危険にさらす」として、「間違い」だと警告した。近くイスラエル側の高官と対面で協議する考えも示した。

イスラエルのネタニヤフ首相は 13 日、ガザでの軍事作戦継続の意思を強調した。ガザの保健当局によると、13 日から 14 日にかけてパレスチナ人 82 人が死亡した。ロイター通信によると、1 日の犠牲者数としては過去数週間で最も多いという。ラファでは 13 日、国連の車両が攻撃を受け、国際職員 1 人が亡くなった。昨年 10 月の戦闘開始以来、国連の国際職員が犠牲になるのは初めて。

一方、戦闘休止交渉をめぐっては、仲介国カタールのムハンマド首相が 14 日、「行き詰まっている」とした上で、イスラエルによるラファでの作戦が「（交渉を）後退させた」と語った。ロイター通信が報じた。（ワシントン＝下司佳代子、イスタンブール＝根本晃）

戸田補足

「原爆投下はジェノサイドであった」と言えない米国政府が「ガザ侵攻はジェノサイドだ」と言えるはずがない。

資料 16　中米ニカラグア ドイツを国際司法裁判所に提訴 ガザ地区めぐり

2024 年 3 月 2 日　8 時 18 分 NHK

イスラエル軍による攻撃が続くガザ地区をめぐって、中米のニカラグアは住民のジェノサイド、集団殺害の危険性が認識されるなかで、イスラエルを軍事的に支援しているなどとして、ドイツを国際司法裁判所に提訴しました。

オランダ・ハーグにある国連の主要な司法機関、国際司法裁判所は1日、ガザ地区をめぐって中米ニカラグアがドイツを提訴したと発表しました。

訴状でニカラグアは、パレスチナの人たちに対するジェノサイドの危険性が認識されるなかで、ドイツはイスラエルに軍事的な支援を行っているほか、ガザ地区の支援を担っている UNRWA＝国連パレスチナ難民救済事業機関への資金拠出を一時停止し、ジェノサイドを助長しているなどと主張しています。

そして、裁判所に対し、ドイツがジェノサイド条約や国際人道法に違反していると認めるよう求めています。

さらに、裁判所が判決を言い渡すまでの暫定的な措置として、ドイツに対し、イスラエルへの支援を直ちに停止するほか、UNRWA への資金拠出の一時停止の決定を撤回することなども命じるよう求めています。

ガザ地区の状況をめぐっては、イスラエル軍によるガザ地区での軍事作戦がパレスチナ住民の集団殺害などにあたり、ジェノサイド条約に違反しているとして、南アフリカがイスラエルを国際司法裁判所に訴えています。

https://www3.nhk.or.jp/news/html/20240302/k10014376971000.html

13　ロシアのチェチェン戦争やウクライナ・マリウポリ無差別攻撃などもジェノサイド

チェチェン戦争では、2023年からのガザと同様に「瓦礫の山」が築かれた（ポリトコフスカヤ2004ほか）。人口40万のマリウポリの死者は2万人と当時の市長は述べている。現在マリウポリはロシア政府の管理下にある。

帝政ロシア・ソ連・ロシアの帝国主義、覇権主義、ロシア大国主義について、少し考えてみたい。

ピョートル大帝が政治警察を創設したのが1702年頃と言われている。1917年にレーニンがチェカを設置した。現在のFSB（国家治安省）に続く「警察国家」の伝統である。プーチンはソ連時代にFSBの将校であり、エリツィン大統領のもとではFSB長官を務めた。

大粛清と「収容所群島」によって社会主義を破壊したのがスターリンの独裁であったが、スターリン主義への道を開いた責任がレーニンにあると思う。私見によれば「レーニンの3つの失敗」がある。

1 1917年にチェカを創設、即決処刑の権限まで付与した。

2 1918年に死刑制度の運用の失敗。ニコライ2世一家の銃殺（一家全員処刑は豊臣秀吉方式に酷似）、レーニン暗殺未遂のエスエル左派女性活動家ファニヤ・カプランの銃殺（殺人未遂の死刑は「大逆罪」の思想）が代表例

3 1921年にクロンシュタット反乱の武力鎮圧。トロツキーが指揮。

ミハイル・ショーロホフの『静かなドン』にもボリシェビキ及び反革命側による集団銃殺場面がたびたび出てくる。

数百年にわたる権威主義の伝統が「プーチンの戦争」の背景にあることは間違いない。

「スターリンが殺した人数はヒトラーが殺した人数よりも多い」と言われる（Lifton and Markusen 1990 : 87, 266）。リフトンらも「レーニン路線はまずかった」と指摘する（ibid : 266）。

「社会主義のない自由は特権と不正義であり、自由のない社会主義は奴隷制と野蛮（獣性）である」（ミハイル・バクーニン 1867『連合主義・社会主義・反神学主義』白水社版のバクーニン著作集では第 5 巻、1974 年 46 頁）
Que la liberté sans le socialisme, c'est le privilège, l'injustice ; et que le socialisme sans liberté , c'est l'esclavage et la brutalité ;
https://philo-labo.fr/fichiers/Bakounine%20-%20Oeuvres.pdf　113／394

出典を失念していたので、栗原康さんにご教示いただいた。これは「資本主義・ブルジョワ民主主義」と「権威主義的社会主義」を同時に批判し、「民主的な社会主義」を推奨する趣旨であると思う。

14　リフトン博士らが提起した「ジェノサイダル・メンタリティ」

原爆開発を指揮したオッペンハイマー博士が戦後トルーマン大統領に面会し「閣下、私の手は血塗られています」と述べる。博士の退出後、大統領は部下に「あのような泣き虫をもう呼ばないでくれ」と言う。この有名な場面はクリストファー・ノーラン監督の映画『オッペンハイマー』(2023年) でも描かれている。リフトンとミッチェル『アメリカの中のヒロシマ』上巻237頁、下巻25頁。これはWikipediaの「オッペンハイマー」(日本語、英語、仏語) でも次のように言及されている。

「戦後、10月にハリー・S・トルーマン大統領とホワイトハウスで初対面した際、「大統領、私は自分の手が血塗られているように感じます」と語った。トルーマンはこれに憤慨、彼のことを「泣き虫」と罵り、二度と会うことは無かった」
https://ja.wikipedia.org/wiki/ロバート・オッペンハイマー

On August 17, however, Oppenheimer traveled to Washington to hand-deliver a letter to Secretary of War Henry L. Stimson expressing his revulsion and his wish to see nuclear weapons banned.[164] In October he met with President Harry S. Truman, who dismissed Oppenheimer's concern about an arms race with the Soviet Union and belief that atomic energy should be under international control. Truman became infuriated when Oppenheimer said, "Mr. President, I feel I have blood on my hands",大統領閣下、私の手が血塗られていると感じます responding that he （Truman） bore sole responsibility for the decision to use atomic weapons against Japan, and later said, "I don't want to see that son of a bitch in this office ever again."[165][166]
For his services as director of Los Alamos, Oppenheimer was awarded the Medal for Merit by Truman in 1946.[167]
https://en.wikipedia.org/wiki/J._Robert_Oppenheimer

Bouleversé par le refus d'une entente, Oppenheimer demande à rencontrer le président des États-Unis. Le 25 octobre 1945, il est introduit par le sous-secrétaire d'État Dean Acheson dans le Bureau ovale où il échange avec Harry S. Truman. À un certain moment, pour exprimer son désarroi de façon imagéeBS 60, le physicien declare :《_Monsieur le Président, j'ai du sang sur les mains. 》大統領閣下、私の手が血塗られていると感じます Truman balaie cette remarque avec désinvolture et, une fois le physicien parti, ordonne à Acheson de ne plus jamais le ramener devant lui :《 Après tout, il a simplement fabriqué la bombe, c'est moi qui ai donné l'ordre de l'utiliserRival 121. 》 La même année, le chercheur reçoit la Medal for Merit des mains du président américain pour souligner son travail au Laboratoire national de Los Alamos11.

https://fr.wikipedia.org/wiki/Robert_Oppenheimer

NHK で次の報道があった。

オッペンハイマー “涙流し謝った” 通訳証言の映像見つかる

2024 年 6 月 20 日 12 時 56 分 NHK 原爆

原爆の開発を指揮した理論物理学者、ロバート・オッペンハイマーが、終戦の 19 年後に被爆者とアメリカで面会し、この際、「涙を流して謝った」と、立ち会った通訳が証言している映像が広島市で見つかりました。専門家は「実際に会って謝ったことは驚きで、被爆者がじかに聞いたというのは大きな意味がある」としています。

ロバート・オッペンハイマーは、第 2 次世界大戦中のアメリカで原爆の開発を指揮した理論物理学者で、原爆投下による惨状を知って苦悩を深めたと言われていますが、1960 年に来日した際は、被爆地を訪れることはなかったとされています。

今回見つかった映像資料は、1964 年に被爆者などが証言を行うためにアメリカを訪問した際、通訳として同行したタイヒラー曜子さんが 2015 年に語った内容を記録したもので、広島市の NPO に残されていました。

この中でタイヒラーさんは、訪問団の一人で、広島の被爆者で理論物理学者の庄野直美さんなどが非公表でオッペンハイマーと面会した際の様子について「研究所の部屋に入った段階で、オッペンハイマーは涙、ぼうだたる状態になって、「ごめんなさい、ごめんなさい、ごめんなさい」と本当に謝るばかりだった」と述べています。面会については、被爆者の庄野さんも後に旧制高校の同窓会誌などで明らかにしたうえで「博士は私に「広島・長崎のことは話したくないのでかんべんしてほしい」と語りかけた。背負っている重荷をひしひしと感じた」などとつづっています。

核兵器をめぐる議論の歴史などを研究しているアメリカのデュポール大学の宮本ゆき教授は「実際に被爆者に会って謝ったことは驚きで、被爆者がじかに聞いたというのは大きな意味があると評価したい」としたうえで「被爆者の願いはオッペンハイマーがことばに責任を持って核兵器廃絶に向かっていくことだったと思うが、面会後もそうした動きはなく、私たちに残された課題だと理解すべきだ」と指摘しています。以下省略

https://www3.nhk.or.jp/news/html/20240620/k10014486571000.html

このようにジェノサイドを計画、想定、推進、容認、追認する心構えが「ジェノサイダル・メンタリティ」である。大統領に昇格するまで原爆開発計画の存在さえ知らされていなかったトルーマンであるが、大統領になってからこの「メンタリティ」を身に着けたと想像される。元左翼シンパで、ユダヤ系米国人でもあるオッペンハイマーはこの「メンタリティ」に抵抗感があり、それが後の「水爆計画反対」にもつながったと思う。オッペンハイマーの有名な「物理学者は罪を知った」(Lifton and Markusen, 1990：93, 118) も想起される。6億人の死者が想定される核戦略を弄ぶのは、この「メンタリティ」である (戸田 2020)。

精神科医リフトンと社会学者マークセンの名著『ジェノサイダル・メンタリティ　ナチス・ホロコーストと核の脅威』(1990年) は必読の名著である。リフトンの邦訳は共著を含めて9点あるが、『ナチスのドクターたち』(1986) と『ジェノサイダル・メンタリティ』(1990) の未邦訳が残念である。

ジェノサイダル・メンタリティが権威主義体制と民主主義体制を横断して、大国主義・覇権主義・帝国主義の諸国の指導者・高官に見られることは言うまでもない。「ブルジョワ民主主義」は、大国主義、覇権主義、帝国主義、財界中心主義

を容認するので、ジェノサイドへの歯止めにならない。民主主義と平和主義の発展が必要である。ネロ、チンギス・ハーン、ティムール、アドルフ・ヒトラー、アドルフ・アイヒマン、ヨシフ・スターリン、ウラジミル・プーチン、ポル・ポト、サダム・フセイン、アンネシュ・ブレイビーク、カーチス・ルメイ、ハリー・トルーマン、エドワード・テラー、ハーマン・カーン、ヘンリー・キッシンジャー、ジョージ・ウォーカー・ブッシュ、ベンヤミン・ネタニヤフ、第25代武烈天皇、織田信長、豊臣秀吉、伊藤博文（首相として東学農民殲滅作戦に同意、中塚ほか 2024：105)、毛沢東などがジェノサイダル・メンタリティの代表例であると思う。

リフトンは1968年の著書でもトルーマンを引用している。「「何か後悔の念といったようなものは？」というマロウ氏の質問に答えて、トルーマン氏は語った。「まったくないね。そんなものは微塵もないですよ」。(中略)「ああいう強力な新兵器を持っていた以上、戦争兵器というものは要するに破壊的なものだから、これを使うことにはなんら良心の呵責など感じなかったね。それだからこそ、われわれは誰も戦争を望まないのだし、みんな戦争に反対しているのだが、戦争に勝てる兵器を持ちながら、それを使わないとすれば馬鹿げたことだろう」。この会見中、彼は「新型の水爆」が使われないよう希望すると言明したが、さらに次のようにつけくわえた。「しかしながら、世界が大混乱におちいれば、水爆は使われるだろう。それは確実なことだ」」(リフトン『ヒロシマを生き抜く』下巻156頁)。

リフトンらは、米国の海軍士官の言葉を紹介している。「たとえ5億人だけが殺されたとしても、だからといって世界の終わりだと思うのは間違いだ」(Lifton and Markusen, 1990：217)。

人間を「動物扱い」することもジェノサイダル・メンタリティの症状のひとつであろう（Lifton and Markusen, 1990：266；パターソン 2007)。今回のガザ危機でも、イスラエルの高官がパレスチナ人を「人間の姿をした動物」と呼んだ事例がある（保井 2024)。

表5　ジェノサイダル・システムとジェノサイダル・メンタリティ

	ナチズム	ニュークリアリズム（持続的な核保有・核抑止を信奉する思想）
ジェノサイダル・システム［社会構造］	ユダヤ人、ロマ［ジプシー］、障害者、ポーランド人、ロシア人、同性愛者などを大量殺害する政策、制度、施設、装置。ガス室など。ナチスのジェノサイダル・システムは12年続いた。欧州ユダヤ人600万人をはじめ障害者、ポーランド人、ロシア人、ロマ［ジプシー］など万単位の死者。	「ジェノサイド兵器」である核兵器を大量に配備し、核威嚇、核抑止、核抑止が破綻した場合の核攻撃を想定する政策、制度、施設、装置。核兵器はジェノサイド兵器。広島・長崎の死者は年内で21万人。ジェノサイダル・システムは米国で79年、ロシアで75年続いている。
ジェノサイダル・メンタリティ［社会意識・精神構造・心的傾向］	上記を正当化する特異な人種主義的イデオロギーの内面化。「宿命としての生物学」。 100万人規模のあからさまなジェノサイド（ホロコースト）を志向・強行 1942年ヴァンゼー会議では、ユダヤ人1000万人殺害を想定	上記を正当化する大国主義的イデオロギーの内面化。「宿命としてのテクノロジー」、作れるものは作るべきだという態度。 米国も「核先制不使用」を言わないし、日本も要求しない。 潜在的ジェノサイド［頭の体操、ニュークリア・ホロコースト］の想定死者は万人から億人単位。

Lifton and Markusen, 1990, *The Genocidal Mentality* などから戸田が作成

リフトンとミッチェル『アメリカの中のヒロシマ』上巻216頁で「核兵器至上主義」を「原爆の「最後の審判の日」をもたらす破壊力に永続的に頼り、それを

信奉する」もの（態度）と述べているが、この「核兵器至上主義」はnuclearismの訳語であると思われる。

私見によれば、「20世紀の5大ジェノサイダル・システム」は下記である。

①ナチズム、②日本帝国主義、③スターリニズム、④クメール・ルージュ（ポル・ポト派の民主カンプチア）⑤ アメリカ帝国主義

①から④までは権威主義体制、⑤は民主主義体制

⑤は④を誘発した側面もある。「米軍のカンボジア秘密空爆への市民の恐怖心」を利用して「虐殺政権」が成立した。

ブルジョワ民主主義は「財界中心」であり、「帝国主義・覇権主義・大国主義と両立」するので、ジェノサイドへの歯止めにならない。死刑制度を存置し執行する日本や米国死刑存置州は、ブルジョワ民主主義の到達水準に立ち遅れている。20世紀ジェノサイドの2大類型は「ホロコースト」と「原爆を頂点とする戦略爆撃」。

戦略爆撃を始めた日独（ゲルニカ、重慶）と過激化させた米英（ドレスデン、東京、広島・長崎）。

ジェノサイダル・システムは社会組織の問題であり、「民衆」や個人にはあてはまらない。ここでの社会組織は基本的に政府（ヒトラー政権、スターリン政権、ポル・ポト政権、核時代の歴代米国政権など）あるいは政府に準じる組織（イスラム国）、政府を志向する組織（オウム真理教）である。民衆暴力（関東大震災における朝鮮人・中国人虐殺、19世紀東欧のポグロムなど）や個人犯罪（ブレイビーク事件、京都アニメーション事件、相模原やまゆり園事件など）がジェノサイド的様相を呈することはある。

この書籍には、冒頭にラファエル・レムキン弁護士への献辞があり、カバーにホロコースト研究の古典的著作で知られるラウル・ヒルバーグ博士が推薦の言葉を寄せている。

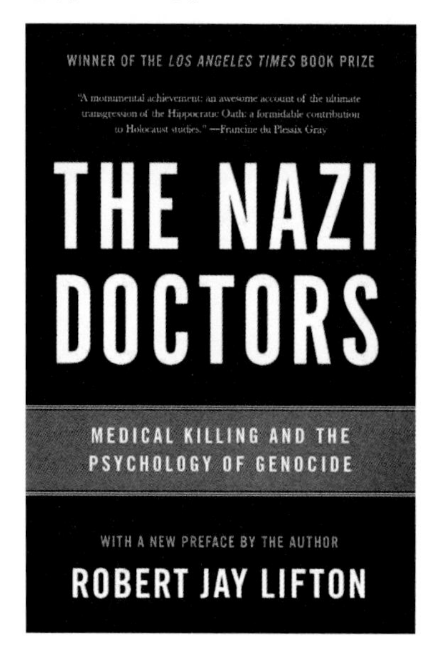

リフトンの未邦訳2冊はいずれもラウル・ヒルバーグ博士推奨の名著である。

そもそも人類の暴力性をどのように考えるべきか。

表6　哺乳類サル目（霊長目）ヒト科現存4種の暴力の比較

	殺人	子殺し	強姦	人口
ヒト（ホモ・サピエンス）	○	○	○	約81億人
ボノボ（ピグミーチンパンジー）				約2万人
チンパンジー（コモンチンパンジー）	○	○		約20万人
ゴリラ		○		約32万人
オランウータン			○	約11万人

戸田2017『核発電の便利神話』から修正して転載。ヒトのほかに、ネアンデルタール人をはじめ数十種類の絶滅ヒト科・ヒト属がいた（更科2018）。男性中心的なチンパンジーと人類は暴力が多く、男女平等のボノボは暴力が少ない。推定個体数については、共同通信の井田徹治さんにご教示いただいた。

過去700万年の進化の過程でヒトとチンパンジーは暴力的になってきたと思う。ボノボとの大きな違いである。社会構造との関係ではどうか。縄文人に殺人はあったが、戦争はなかった。弥生時代に戦争が始まった。階級社会の形成が暴力を促進すると思う。

「戦争イコールジェノサイド」ではないが、ジェノサイドは戦争に伴って生じることが多い。人類700万年の歴史のなかで約25種類の人類が次々に登場したが、戦争をするのは最後に登場したホモ・サピエンスのみである。サヘラントロプスからネアンデルタール人に至るまで、「古い人類」は戦争をしなかった。ホモ・サピエンス30万年の歴史のなかで、戦争は最後の1万年に登場した。最古の戦争の痕跡は約1万年前のケニアなどである。考古学者の佐原真は「戦争の歴史は世界で8000年、日本で2000年」と述べた（佐原2005）。

「定住と所有という農耕・牧畜社会の原則は個人や集団の間に多くの争いを引き起こし、やがて支配階層や君主を生み出し大規模な戦争につなげる温床となった。集団間の争いで死亡する人の割合は巨大文明が発達した3000～5000年前に最大となった。そして下克上の世の中を生き延びるためキリスト教や仏教などの世界宗教が生まれた」（山極2023）

古代中世の世界史を見れば、ローマ帝国（カルタゴでの殺戮）、十字軍（1099年エルサレム攻略）、モンゴル帝国などの戦争に「ジェノサイド的局面」が散見される。十字軍でいえば、1099 年のユダヤ教徒・イスラム教徒虐殺などが典型的事例であろう。以下に引用する。

「レーモン・ダジールも神殿の丘周辺についてしか言及していないが、こう書く。

ソロモンの神殿でもソロモンの玄関でも、騎馬の兵は膝や手綱まで血に浸かって歩いた。

これらは文字通りの描写ではなく、ヨハネの黙示録14章20節からの引用（血が馬のくつわにとどくほどになり……）が含まれている可能性がある。シャルトルのフーシェはボードゥワンとともにエデッサにおり、エルサレム攻囲戦を直接は目にしていないが、神殿の丘での出来事についてこう書く。

神殿では1万人が殺された。たしかに、もしそなたがそこにおれば、そなたは我らの足はくるぶしまで殺した者らの血の色になっているのを見たであろう。しかしこれ以上何を語るべきであろう。彼らのだれも生き残らなかった。女も子供も容赦はされなかった。

このような神殿の丘での殺戮は、時として市全体の人口の殺戮にまで膨らまされる場合もある。しかし神殿の丘以外での状況については大殺戮についての目撃証言は残っていない。『ゲスタ・フランコルム』によれば命を容赦された者もいたようである。

異教徒たちが打ち負かされると、われらの兵は大勢を捕らえた。男も女もおり、彼らの望みに応じて殺したり捕らえたままにしたりした」

https://ja.wikipedia.org/wiki/エルサレム攻囲戦_（1099年）

https://en.wikipedia.org/wiki/Siege_of_Jerusalem_（1099）

https://fr.wikipedia.org/wiki/Siège_de_Jèrusalem_（1099）
https://eo.wikipedia.org/wiki/Sieĝo_de_Jerusalemo_（1099）

国家は万単位のジェノサイドを行えるが、個人によるヘイトクライムは100人未満の殺害にとどまる。2011年のブレイビーク事件は、左翼とムスリムを憎む「キリスト教極右」の青年アンネシュ・ブレイビク（1979年生まれ）が社会党青年部の77人を殺したもので、ノルウェーは死刑だけでなく終身刑も廃止したので、2012年判決の懲役21年の刑で還暦前に社会に戻ってしまうようだ。自白によると犯行動機は「イスラムと文化マルクス主義からノルウェーを守ること」であった。

https://ja.wikipedia.org/wiki/アンネシュ・ベーリング・ブレイビク
https://en.wikipedia.org/wiki/Anders_Behring_Breivik
https://fr.wikipedia.org/wiki/Anders_Behring_Breivik
https://eo.wikipedia.org/wiki/Anders_Behring_Breivik
https://ja.wikipedia.org/wiki/ノルウェー連続テロ事件
https://en.wikipedia.org/wiki/2011_Norway_attacks
https://fr.wikipedia.org/wiki/Attentats_d%27Oslo_et_d%27Utøya
https://eo.wikipedia.org/wiki/Atakoj_en_Norvegio_（2011）

15　ジェノサイドの前科を反省しない日本・米国・ロシア政府

ジェノサイドの前科を反省しているのはドイツのみと言っても過言ではない。そのドイツ政府の反省にも視野狭窄で硬直した部分がある。すなわち、「ホロコーストの被害者を代弁するイスラエル政府が悪いことをするはずがない」「イスラエル政府を批判する者は反ユダヤ主義者である」というシオニストのプロパガンダを容認してしまうことだ（板橋 2023；相田 2024；吉本 2024；駒林 2024）。

ジェノサイドの前科を反省しない国の代表例は、日本、米国、ロシアである（Lifton and Markusen 1990；250, 266 も参照）。日米同盟の強化・岸田大軍拡（軍事費 2 倍化、敵基地攻撃能力の保有、殺傷兵器の輸出など）は許されるのだろうか。

日本：秀吉の朝鮮侵攻、東学農民革命鎮圧、平頂山事件、南京事件、シンガポール華僑大検証など

米国：東京大空襲、広島・長崎原爆投下、朝鮮やベトナムの無差別爆撃、イラク戦争など

ロシア：スターリンの大粛清、飢餓を起こしたホロドモール、チェチェン戦争、マリウポリ爆撃など

リンカーン大統領の「光と影」を想起されたい。「光」は黒人奴隷解放である。「影」は先住民指導者 38 人の公開絞首刑（1863 年）である（奴隷解放宣言の年）。軍法会議による 303 人の死刑判決を 39 人に「減らした」のである。1 人が執行猶予となり、結局 38 人の公開絞首刑となった。明治時代の「大逆事件」の「24 人→12 人」に似ている。ディー・ブラウン 2013 の上巻 3 章に詳述されている。リンカーンといえども、「アメリカ帝国主義の代理人」を辞めることはできなかった。1863 年は南北戦争のさなかであり、ベネズエラの死刑廃止の年でもある。19 世紀に死刑を廃止したのは、コスタリカ、ベネズエラ、サンマリノである。スタンナード博士は数百年にわたる先住民虐殺を「アメリカのホロコースト」と呼

んだ。スタンナードの名著も未邦訳である。

「アメリカ帝国主義」という用語は日本共産党の2020年綱領に出てくるが、しんぶん赤旗では見た記憶がない。新左翼の新聞には頻出する。

日清戦争時の東学農民討伐作戦では、200人、300人規模の集団処刑が行われた（中塚ほか2024：96）。

米国の過去20年の戦争の死者は世界で約90万人であったと推定されている（三牧2023a：16）。

イスラエルは死刑を廃止または停止していると聞く。

「イスラエルで死刑が廃止されているというのは、「死刑囚がかわいそうだ」というような情緒論ではなく、実は国権論から考えてのことなんです。死刑によって法秩序を維持するのは弱い国家だという意識があるからです。アイヒマンの処刑（1962年）についてもイスラエル国家の弱さを示すものとイスラエルの知識人は認識しています」（https://square.umin.ac.jp/massie-tmd/oshirasu.html 2024年4月25日アクセス）

パレスチナ自治政府は、死刑を存置し、執行もしていると聞く。ロシアも死刑停止のようだ。ウクライナは2000年に死刑を廃止した（Creagh　2007：127）。死刑を廃止したEU諸国が旧ユーゴ空爆で誤爆により市民の死亡をもたらしたのは矛盾していると、死刑存置派の弁護士に指摘されている（森2015）。死刑を廃止したイスラエルがなぜジェノサイドをするのか？　死刑を停止しているロシアがなぜウクライナを侵略するのか？

政治学者丸山眞男の最晩年の言葉を、孫引きではあるが、引用しよう。軍隊経験も被爆経験もある丸山は、平和憲法を深く理解していたのだろう。

「国家だけが人を殺すということを正当化できる、そういう制度をやめようじゃないか。国家であろうと何であろうと、人を殺すのはいけない。ということは、国内的には死刑制度の廃止、国際的にはもちろん戦争の放棄。これはパラレルだと思うんだ」（黒川2024：421）

「アメリカ帝国主義の原風景を示す2つの年号」　背景に黄色人種へのレイシズム

1863年　先住民に303人の死刑判決と38人の公開絞首刑　同年にベネズエラ

は死刑廃止

1945 年　東京大空襲と原爆投下　ニュルンベルク憲章調印（8 月 8 日）の直前直後にジェノサイド

日独ソのジェノサイドを非難し、西側大国のジェノサイドを容認するダブルスタンダード

すべてのジェノサイドを告発する良心的ユダヤ人　ラファエル・レムキン、レオ・クーパー、ロバート・リフトン、ジュディス・バトラー、ダニー・ネフセタイほか

資料 17　2024 年 5 月 3 日東京新聞社説

憲法記念日に考える　「洞窟の囚人」から脱して

「洞窟の比喩」というエピソードが古代ギリシャの哲学者プラトンが著した「国家」にあります。

洞窟の奥にいる囚人たちは、振り返ることもできない状態で縛られています。入り口の方にかがり火が燃えていて、人々を背後から照らしています。

動物などの像が火にかざされると、洞窟の壁に影絵が映ります。囚人たちはその影絵こそ真実だと思っています。

でも、ある 1 人が束縛を解いて、洞窟の外に出ようとします。光源の存在を知り、やがて太陽の光を浴びることになります。そこで見る世界は洞窟の影絵とは似ても似つきません。

その 1 人は洞窟の奥に戻り、囚人たちに自分が見た世界を語ります。でも、洞窟の囚人たちは誰もその話を信じようとはしません。何しろ、自分が見ている影絵こそ真実だと思っているのですから。

◆暴政を見ている 10 年間

この 10 年間、私たちは囚人のように洞窟に閉じ込められ、政権が都合よく映し出した影絵を見ているのではないでしょうか。

「閣議決定」で政府が思い通りの政策を推し進める政治風景のことです。まるで憲法を無視するかのように、国会など存在しないかのように、主権者たる国民も蚊帳の外であるかのように……。

安倍・菅・岸田と続く政権下では、憲法の解釈も、法律の解釈も、内閣が自由自在に変更してしまいました。戦後積み上げた政府答弁も自分たちの都合のいいように簡単に覆してしまいます。

息のかかった高検検事長を定年延長したり、日本学術会議の会員を任命拒否したり。老朽原発の運転延長も国会の議論をほとんど経ずに閣議だけで決めました。

国権の最高機関は国会なのに、さながら政府の追認機関になっています。憲法が想定する三権分立の民主主義とは異なります。まるでプラトンの「洞窟の影絵」のように、当たり前の光景になっている、それが心配です。

内閣とは法律を誠実に執行する行政機関で、国会は唯一の立法機関です。法律はときに国民の権利を制約しうるので、国民の代表者である国会だけが立法できると憲法に定めています。

ですから内閣が勝手に法の枠や解釈の枠を踏み外してはなりません。憲法は主権者たる国民の側に制定権力があり、政府は憲法に拘束される側ですから、身勝手な解釈変更など許されません。

それが三権分立の本当の姿です。でも、この 10 年、単なる閣議決定で憲法や法律が読み替えられています。これは暴政です。

出発点は 2014 年の夏。集団的自衛権の行使容認を安倍内閣が閣議決定した時です。専守防衛のはずの自衛隊が他国の戦争に介入できることになったのです。

百八十度の大転換です。平和主義を定める憲法 9 条から逸脱しています。法治国家では法の整合性や連続性が求められますが、壊れてしまいました。

それからは安全保障の重要案件の多くは、閣議で決定されていきます。敵基地攻撃能力の保有や防衛費倍増、高性能の次期戦闘機を他国に売ることも……。

でも、そもそも閣議決定とは閣僚の合意事項で、法律を超える法的拘束力はありません。もし閣議決定に法的効力を認めるとすれば、内閣が勝手に法律をつくるのと同じです。国会はいらなくなります。やはり暴政なのです。

しかし、最近は世論の反応も鈍くなっているのが残念です。14 年から 15 年の安全保障関連法の成立当時は、「憲法違反だ」と多くの国民が怒り、国会前で抗議のデモ＝写真、本社ヘリ「あさづる」から＝を繰り広げました。

今は政府により既成事実が積み上げられて、無力感が漂っているのでしょうか。

抗議の声も鳴りをひそめがちです。

◆「考える」は戦う精神だ

冒頭の「洞窟の比喩」は、批評家・小林秀雄の「考えるヒント」（文春文庫）にも出てきます。

〈彼等（ら）は考えている人間ではない（中略）巨獣の力のうちに自己を失っている人達（たち）だ〉

影絵を真実と思っている洞窟の囚人たちのことでしょう。だから、自ら考えねばなりません。小林秀雄は「考える」営みについて、「どうあっても戦うという精神である」と記します。

＜プラトンによれば、恐らく、それが、真の人間の刻印である＞

影絵のような名ばかりの民主政とは、どうあっても戦う。そんな精神を持ちたいものです。

https://www.tokyo-np.co.jp/article/324971?rct=editorial

資料18　2024年5月22日（水）しんぶん赤旗

主張　日・イスラエル関係　ガザ攻撃加担の行為をやめよ

米国や英国などの各地の大学で、パレスチナ・ガザ地区へのイスラエル侵攻に抗議する学生の運動が大規模に広がっています。学生らは、大学の基金などによるイスラエル関連企業への投資をやめるよう求めています。所属する大学がガザへの攻撃に加担しないようにするためです。

ところが、岸田・自公政権は、イスラエルとの経済連携協定（EPA）の締結に向け、産官学による両国の共同研究を行っています。イスラエルの軍需企業が製造する攻撃型無人機の自衛隊への導入も検討しています。イスラエルの国際法違反を事実上追認し、同国の軍需産業を利する行為は一切やめるべきです。

■経済協力促進狙う

EPAの問題は、日本共産党の穀田恵二議員が4月5日の衆院外務委員会で取り上げました。

日本とイスラエルは2017年に投資協定を締結しています。そのこと自体問題ですが、EPAは投資の促進や貿易の自由化にとどまらず、「ヒト・モノ・カネ」の自由な移動を可能にし、より幅の広い経済関係の強化を目指すものです。

両政府は22年、産業界や学界からも参加するEPAの共同研究を始めました。これまで会合を3回開き、現在、報告書作成に向けて調整中とされます。穀田氏は具体的な参加者をただしましたが、上川陽子外相は公表を拒否しました。

穀田氏は、イスラエルがガザへの攻撃後、パレスチナ・ヨルダン川西岸地区への入植活動を格段に強めていることを指摘しました。その上で、日本政府が入植活動を「国際法違反」として凍結を求めている立場と、EPAの締結で経済協力を促進しようとする立場は矛盾すると述べ、共同研究の即時中止、EPAの締結交渉はしないことを強く求めました。上川外相は「適時適切に判断する」と述べるにとどまりました。きっぱりと中止すべきです。

■軍需産業を利する

イスラエルの軍需企業から攻撃型無人機を購入しようとする動きは、日本共産党の山添拓議員が3月12日と5月14日の参院外交防衛委員会で追及しました。

防衛省とイスラエル国防省は19年に「防衛装備・技術に関する秘密情報保護

の覚書」を結んでいます。岸田・自公政権が 22 年に決めた安保 3 文書は、無人機や無人車両など「無人アセット防衛能力」を整備するとしており、総事業費は 5 年間で 1 兆円に上ります。

防衛省はその一環として、多用途・攻撃用無人機と小型攻撃用無人機の選定に向け、実物を使った実証試験の契約を結んでいます。契約した 7 機種中 5 機種がイスラエルの軍需企業が製造しているものです。

このうち、イスラエルの軍需企業エルビット・システムズは伊藤忠商事と協力覚書を結んでいました。しかし、伊藤忠商事は 2 月、国際司法裁判所（ICJ）がガザでのジェノサイド（集団殺害）防止の暫定措置命令をイスラエルに出したことを踏まえ、協力を打ち切ると発表しました。

山添氏はこうした動きにも触れ、イスラエル製無人機を導入し、イスラエルの軍需企業を支えることは絶対にやってはならないと訴えました。政府は導入の検討をやめるべきです。

https://www.jcp.or.jp/akahata/aik24/2024-05-22/2024052202_01_0.html

参考文献

饗場和彦 2007「ルワンダにおけるジェノサイド（1994 年）」松村高夫・矢野久編『大量虐殺の社会史』ミネルヴァ書房
青木美希 2023『なぜ日本は原発を止められないのか？』文春新書
赤旗編集局編 2022『核実験被ばく者の真実』新日本出版社
朝日新聞 2024「天声人語 フェミサイドという視点」『朝日新聞』6 月 30 日
アソシエーションだるま舎・土田修編 2023『即時停戦！　砲弾が私たちを焼き尽くす前に』社会評論社　和田春樹・伊勢崎賢治・羽場久美子ほか
雨宮処凛 2024「避難所や国連施設も攻撃　なぜ世界は蛮行を止められない？」『週刊金曜日』6 月 14 日号
荒井信一 2008『空爆の歴史　終わらない大量虐殺』岩波新書
安斎育郎 2022「ウクライナ紛争を見る目」『被団協』6 月号
安斎育郎 2024『安斎育郎のウクライナ戦争論』改訂第 10 版　安斎科学・平和事務所
五十嵐仁 2024『追撃　自民党大軍拡・腐敗政治　政権交代のために』学習の友社
生田暉雄 2022『冤罪・死刑を弄ぶ国家』万代宝書房
石井寛治 2012『帝国主義日本の対外戦略』名古屋大学出版会
石田勇治 2015『ヒトラーとナチ・ドイツ』講談社現代新書
板橋拓己 2023「ドイツ「反省」の落とし穴」『朝日新聞』11 月 30 日
井上清 2001『日本帝国主義の形成』岩波書店　初版は 1968
井上晴樹 1995『旅順虐殺事件』筑摩書房
井上久士 2022『平頂山事件を考える』新日本出版社
今井奏 2024「ルワンダ　悲劇から生まれた子どもたち　虐殺 30 年　続く性暴力の苦しみ」『朝日新聞』4 月 9 日国際面
イラク戦争の検証を求めるネットワーク編 2022『イラク戦争を知らない君たちへ』あけび書房
岩松繁俊 1982『反核と戦争責任』三一書房
岩松繁俊 1998『戦争責任と核廃絶』三一書房
上野かずこ 2024『蕾のままに散りゆけり　対馬丸から生還した教師の魂を娘が辿る』悠人

書院
鵜飼哲 2023「ヨーロッパ問題としてのロシア・ウクライナ戦争　戦争の社会化とナショナリズム」『PRIME』46 号、明治学院大学国際平和研究所
鵜飼哲 2024「「新しい中東」以後　「裁き」から「革命的平和」へ」『現代思想』2 月号、青土社
宇田川幸大 2022『東京裁判研究』岩波書店
江口圭一 1998『日本帝国主義史研究』青木書店
江藤淳 1989『閉された言語空間　占領軍の検閲と戦後日本』文藝春秋
NHK2024a「ブチャ解放 2 年で犠牲者を追悼 ロシア軍事侵攻で市民が多数犠牲」4 月 1 日　https://www3.nhk.or.jp/news/html/20240401/k10014408791000.html
NHK2024b「NHK スペシャル　映像の世紀　東京裁判」4 月 1 日
大石芳野 1981『無告の民』岩波書店　クメール・ルージュをレポート
大石芳野 1993『カンボジア苦界転生』講談社
大城立裕 2010『小説　琉球処分』上下　講談社文庫
太田昌国 2022『「反戦争論」　「ウクライナ戦争」にどう向き合うか』研究所テオリア
大村次郷 2007「カンボジアにおける虐殺（1975-79 年）」松村高夫・矢野久編『大量虐殺の社会史』ミネルヴァ書房
岡真理 2023『ガザとは何か　パレスチナを知るための緊急講義』大和書房★
岡真理 2024a「この人倫の奈落において　ガザのジェノサイド」『世界』1 月号、岩波書店
岡真理 2024b「小説　その十月の朝に」『現代思想』2 月号　青土社★
岡真理 2024c「ガザのジェノサイドとナクバ　映画『ファルハ』が描くもの」『イスラーム映画祭アーカイブ 2024』3 月 16 日
岡真理 2024d「ガザのジェノサイドにどう言葉を発するか」聞き手　乙部宗徳『民主文学』5 月号　日本民主主義文学会
岡真理 2024e「民族浄化によって建国された植民地主義のイスラエル」『マスコミ市民』8 月号
小倉貞男 1993『ポル・ポト派とは？』岩波書店
長有紀枝 2024「イスラエルにジェノサイド防止の暫定措置命令」『世界』4 月号　岩波書

店
小野政美 2024「関東大震災、朝鮮人・中国人大虐殺から 100 年」『さようなら！　福沢諭吉』第 16 号
小野寺拓也・田野大輔 2023『検証　ナチスは「良いこと」もしたのか？』岩波ブックレット
小畑郁 2023「ガザでのジェノサイド　自衛権では正当化できぬ」『朝日新聞』11 月 23 日
嘉指信雄、振津かつみ、佐藤真紀、小出裕章、豊田直巳 2013『劣化ウラン弾　軍事利用される放射性廃棄物』岩波ブックレット
嘉指信雄、森瀧春子、豊田直巳編 2013『終わらないイラク戦争　フクシマから問い直す』勉誠出版
笠原十九司 2024「満州事変　歴史の教訓」聞き手伊藤紀夫『しんぶん赤旗』8 月 28 日
堅田文彦 2024「イスラエル寄り報道目立つ『ニューヨーク・タイムズ』」『週刊金曜日』7 月 5 日号
形山昌由 2024「自衛隊が導入めざす攻撃用ドローン候補機にイスラエル製　日本の「虐殺加担」指摘の声も」『週刊金曜日』7 月 5 日号
加藤直樹 2014『九月、東京の路上で　一九二三年関東大震災　ジェノサイドの残響』ころから
加藤直樹 2024『ウクライナ侵略を考える　「大国」の視線を超えて』あけび書房
金子マーティン編 1998『「ジプシー収容所」の記憶　ロマ民族とホロコースト』岩波書店
金子マーティン 2016『ロマ　「ジプシー」と呼ばないで』影書房
亀井正樹 2015『枯葉剤は世代をこえて　ベトナム戦争と化学兵器の爪痕』新日本出版社
雁屋哲 2019『マンガ　日本人と天皇』新装増補版、シュガー佐藤画、いそっぷ社
川崎哲 2024「戦争をやめ、核兵器禁止条約に参加せよ」『世界』8 月号、岩波書店
金ヨンロン 2023『文学が裁く戦争　東京裁判から現代へ』岩波新書
金石範 1983-1997『火山島』文藝春秋
清末愛砂 2024a「ガザ攻撃の意図に抗するためにすべきこと　全世界の人々の平和的生存権に基づく行動をすべきとき」『法と民主主義』1 月号　日本民主法律家協会
清末愛砂 2024b「国際法違反のガザ封鎖の解除と占領の終結を求めて」（オンライン講演、2 月 11 日「建国記念の日」反対集会、東京）

清末愛砂 2024c「パレスチナに求められるジェンダー視点　「死者の 7 割が子どもと女性」の意味」『平和新聞』4 月 25 日号　日本平和委員会
清宮涼、藤原伸雄 2024「「表現の自由」許さぬイスラエル　「ガザを救って」投稿で収監　検挙 130 件以上に」『朝日新聞』4 月 1 日
金洛年 2002『日本帝国主義下の朝鮮経済』東京大学出版会
金城美幸 2024「真の狙いはパレスチナ難民の帰還権抹消だ　繰り返される UNRWA 制裁」『週刊金曜日』6 月 21 日号
倉沢愛子 2007「9・30 事件（1965 年）とインドネシア共産党撲滅」松村高夫・矢野久編『大量虐殺の社会史』ミネルヴァ書房
倉沢愛子 2020『インドネシア大虐殺　二つのクーデターと史上最大級の惨劇』中公新書
栗田禎子 2024a「ハマスが仕掛けた「シオニズムの実証実験」」『現代思想』2 月号
栗田禎子 2024b「ガザ危機と世界・日本の岐路」『憲法運動』3 月号　憲法会議★
栗原貞子 1992『問われるヒロシマ』三一書房
黒川みどり 2024『評伝　丸山眞男　その思想と生涯』有志舎
纐纈厚 2024『ウクライナ停戦と私たち　ロシア・ウクライナ戦争と日本の安全保障』緑風出版
国際問題研究会編訳 2023『ウクライナ 2014-2022　大ロシア主義と戦うウクライナとロシア・ベラルーシの人々』柘植書房新社
狐崎知己 2007「グアテマラにおけるマヤ民族虐殺（1961-96 年）」松村高夫・矢野久編『大量虐殺の社会史』ミネルヴァ書房
後藤健二 2008『ルワンダの祈り　内戦を生きのびた家族の物語』汐文社
後藤周、平井美津子、木村元彦 2024「「負の歴史」をなぜ教えるか　横浜での朝鮮人・中国人虐殺事件から考える」『世界』5 月号、岩波書店
駒林歩美 2024「親イスラエルのドイツ　かき消されるパレスチナ連帯の声」『週刊金曜日』4 月 19 日号
在日本韓国 YMCA 編 2023『交差するパレスチナ』新教出版社
酒井啓子 2024「ひとつの「民族」を抹殺するということ」『現代思想』2 月号
坂口明 2024 a「イスラエルのガザ猛攻に国際司法裁がジェノサイド防止を命令　停戦への弾みとなるか」『前衛』4 月号

坂口明 2024 b「弾圧下でもガザ反戦掲げ　国際司法裁提訴に賛同　国会追放寸前に　イスラエル共産党国会議員オフェル・カシフさんに聞く」『しんぶん赤旗日曜版』6 月 2 日号
佐藤和雄 2024「NHK 連続テレビ小説「虎に翼」　原爆裁判をどう取り上げるのか」『週刊金曜日』3 月 29 日号
佐藤賢一 2003『オクシタニア』集英社
佐藤冬樹 2023『関東大震災と民衆犯罪』筑摩書房
佐原真 2005『戦争の考古学』岩波書店
更科功 2018『絶滅の人類史』NHK 出版新書
椎名麻紗枝 1985『原爆犯罪　被爆者はなぜ放置されたか』大月書店
重信房子 2024『パレスチナ解放闘争史 1916-2024』作品社
芝健介 2008『ホロコースト』中公新書★
志葉玲 2022『ウクライナ危機から問う日本と世界の平和　戦場ジャーナリストの提言』あけび書房
島薗進、井原聰、海渡雄一、坂本雅子、天笠啓祐 2024『経済安保が社会を壊す』地平社
清水正義・芝野由和・松本彰 1990「西ドイツにおける「ナチズム後」の政治と歴史意識」藤原彰・荒井信一編『現代史における戦争責任』青木書店
下谷内奈緒 2024「なぜ国際刑事裁判所は、ネタニヤフ首相の逮捕状を請求したか」『世界』8 月号、岩波書店
申惠丰（シン・ヘボン）2020『国際人権入門』岩波新書
申惠丰・石田淳 2024「「残虐な限定戦争」の時代に」『世界』8 月号
愼蒼宇 2023「軍隊による朝鮮人虐殺」『歴史評論』9 月号
関原正裕 2023『関東大震災　朝鮮人虐殺の真相　地域から読み解く』新日本出版社★
清田明宏 2019『天井のない監獄　ガザの声を聴け！』集英社新書
相田和弘 2024「ベルリン映画祭での波乱」『週刊金曜日』3 月 22 日号
高橋章 1999『アメリカ帝国主義成立史の研究』名古屋大学出版会★
高橋和夫 2024『なぜガザは戦場になるのか』ワニブックス
高橋哲哉 2024「ショアーからナクバへ、世界への責任」『世界』3 月号、岩波書店
高橋真樹 2017『ぼくの村は壁で囲まれた―パレスチナに生きる子どもたち』現代書館

竹内康人 2024『朝鮮人強制労働の歴史否定を問う』社会評論社
田中利幸 2008『空の戦争史』講談社現代新書
田浪亜央江 2024「広島市平和記念式典へのイスラエル代表の招待、何が問題か」『週刊金曜日』7月5日号
多谷千香子 2006『戦争犯罪と法』岩波書店
チェチェン連絡会議 2022a「ロシア軍のウクライナ軍事侵攻に関するチェチェン連絡会議声明」4月6日　https://www.jrcl.jp/okinawa/27105-1/
チェチェン連絡会議 2022b「ロシア軍のウクライナ軍事侵攻に関するチェチェン連絡会議第2声明」6月15日　https://www.jrcl.jp/okinawa/27195-1/
朱喜哲 2024「いまは哲学の出番ではない　ジェノサイドを座視する世界でローティを読む」『世界』8月号
中国帰還者連絡会編 1984『完全版　三光』晩聲社
土田弥生 2024「ビキニ被災70年　原水協マーシャル訪問記　核禁条約が救済の道」『しんぶん赤旗』3月26日11面
常石敬一 2022『731部隊全史』高文研
鶴田綾 2018『ジェノサイド再考　歴史のなかのルワンダ』名古屋大学出版会
土井敏邦 2024『ガザからの報告』岩波ブックレット
土井淑平 2009『アメリカ新大陸の略奪と近代資本主義の誕生　イラク戦争批判序説』編集工房朔★
土井淑平 2015『終わりなき戦争国家アメリカ』編集工房朔　必読★
土井淑平 2021『核帝国アメリカ　核による世界支配の歴史』編集工房朔
戸田清 2009『環境正義と平和』法律文化社
戸田清 2017『核発電の便利神話』長崎文献社
戸田清 2020「エルズバーグ『世界滅亡マシン』書評」『週刊金曜日』9月25日号（1297号）54頁
戸田清 2023「核汚染水の放出と気候変動対策をめぐる原発論争」『週刊金曜日』10月13日号
内藤正典、三牧聖子 2024『自壊する欧米　ガザ危機が問うダブルスタンダード』集英社新書　ラファエル・レムキンに言及

中川喜与志 2001『クルド人とクルディスタン　拒絶される民族　クルド学序説』南方新社
1988 ハラブジャ事件（毒ガス攻撃）についても詳述
中川保雄 2011『増補　放射線被曝の歴史　アメリカ原爆開発から福島原発事故まで』明石書店
中塚明、井上勝夫、朴 孟洙 2024『東学農民戦争と日本　もう一つの日清戦争』高文研★
旧版 2013　第Ⅲ章は「日本軍最初のジェノサイド作戦」
2　川上操六の「悉く殺戮」命令　　5　乱発された殲滅命令
日清戦争の戦死者は日本人 2 万人、清国人 3 万人、朝鮮人 5 万人　中塚ほか 2024 : 97
中西嘉宏 2021『ロヒンギャ危機　「民族浄化」の真相』中公新書
仲野徹 2017『こわいもの知らずの病理学講義』晶文社
中村梧郎 1979『この目で見たカンボジア』大月書店
永山茂樹 2023「安保三文書改定・大軍拡予算は実質的な改憲」『前衛』3 月号★
西尾幹二 1997『異なる悲劇　日本とドイツ』文春文庫　単行本は 1994
西岡力・阿比留瑠比 2023『安倍晋三の歴史戦』産経新聞出版
西谷修 2024『100 分で名著　ロジェ・カイヨワ　戦争論　文明という果てしない暴力』NHK 出版
西谷文和 2024『イスラエル、ウクライナ、アフガン　戦地ルポ』かもがわ出版
根岸陽太 2024「イスラエルに「すべての手段」を講じよとした ICJ の命令には多くの国から支持」（聞き手　堅場勝司）『週刊金曜日』4 月 5 日号
猫塚義夫、清末愛砂 2023『平和に生きる権利は国境を超える　アフガニスタンとパレスチナにかかわって』あけび書房
猫塚義夫 2024「弱者が犠牲になる状態を作っているイスラエルのやり方は許せない」聞き手文聖姫『週刊金曜日』5 月 31 日号
橋口倫介 1974『十字軍　その非神話化』岩波新書
浜中新吾 2024「ネタニヤフの背後にあるもの　イスラエル世論はいま」『世界』8 月号
早尾貴紀 2023「パレスチナ収奪の歴史を見ない戦局談義はイスラエルへの同化だ」『週刊金曜日』10 月 20 日号
早尾貴紀 2024a「ガザ攻撃はシオニズムに一貫した民族浄化政策である　欧米の植民地主義・人種主義の帰結」『世界』5 月号　岩波書店

早尾貴紀 2024b「在米イラン人思想家ハミッド・ダバシ氏からの警告　パレスチナ人大虐殺という不正義から目を逸らすな！」『週刊金曜日』5 月 17 日号
林克明・大富亮 2004『チェチェンで何が起こっているのか』高文研
林克明 2022『増補版　プーチン政権の闇』高文研
林博史 2007『シンガポール華僑粛清』高文研
原暉之 1993『インディギルカ号の悲劇　1930 年代のロシア極東』筑摩書房
半田滋 2024「次期戦闘機輸出と憲法」『朝日新聞』4 月 20 日
平賀拓史 2024「ドイツ、岐路に立つ「過去の克服」　「親イスラエル」貫く政府　活発化する歴史認識　ホロコーストの反省　規範化し特別視　「植民地主義含めた検証すべきだ」　ガザと重なる記憶　問い直される向き合い方」『朝日新聞』8 月 15 日
平野久美子 2019『牡丹社事件　マブイの行方　日本と台湾、それぞれの和解』集広舎
廣瀬純 2024「最先端産業としてのジェノサイド」『週刊金曜日』5 月 17 日号
藤井正希 2023『検証・群馬の森朝鮮人追悼碑裁判　歴史修正主義とは？』雄山閣
藤田早苗 2022『武器としての国際人権　日本の貧困・報道・差別』集英社新書
藤田久一 1995『戦争犯罪とは何か』岩波新書
藤田久一 2000『国際人道法　増補新版』有信堂高文社
藤永茂 1974『アメリカ・インディアン悲史』朝日新聞社
藤野裕子 2020『民衆暴力』中公新書
藤目ゆき編 2000『国連軍の犯罪　民衆・女性から見た朝鮮戦争』不二出版
藤原彰 1985『南京大虐殺』岩波ブックレット　改訂版 1988
藤原彰、荒井信一編 1990『現代史における戦争責任』青木書店
朴貞花・安川寿之輔 2022『無窮花の園　在日歌人・朴貞花が告発・糾弾する日本近現代史』花伝社
洞富雄・藤原彰・本多勝一編 1992『南京大虐殺の研究』晩聲社
前田朗 2000『戦争犯罪論』青木書店
前田朗 2002『ジェノサイド論』青木書店　サブタイトルは genocide and genocidal rape（ジェノサイドとジェノサイド強姦）
前田朗 2009『人道に対する罪』青木書店
前田朗 2024a「日本植民地主義をいかに把握するか（12）フェミサイドに関する国際的研

究から学ぶ」『さようなら！　福沢諭吉』第16号
前田朗 2024b「横浜で裕仁の犯罪を考える(4)関東大震災朝鮮人虐殺101年」『マスコミ市民』7月号
前田哲男 2006『新訂版　戦略爆撃の思想　ゲルニカ、重慶、広島』凱風社
松村高夫・矢野久編 2007『大量虐殺の社会史　戦慄の20世紀』ミネルヴァ書房
松村高夫 2007「トルコにおけるアルメニア人虐殺（1915-16年）」松村高夫・矢野久編『大量虐殺の社会史』ミネルヴァ書房
的場昭弘 2020『未来のプルードン　資本主義もマルクス主義も超えて』亜紀書房
的場昭弘・前田朗 2024『希望と絶望の世界史』三一書房　必読
三牧聖子 2023a『Z世代のアメリカ』NHK出版新書
三牧聖子 2023b「ウクライナ戦争が突きつける問い　規範の二重基準を超えられるか」『世界』7月号　岩波書店
三牧聖子 2024a「戦争のない世界は可能か？」『現代思想』1月号　青土社
三牧聖子 2024b「ジェノサイド条約と南アの「ICJ」提訴」『週刊金曜日』1月19日号
三牧聖子 2024c「〝虐殺への加担を許さない〟全米大学で沸き起こる抗議デモ」『週刊金曜日』5月17日号
三牧聖子 2024d「ICCに米が猛反発　制裁ちらつかせ対抗」『週刊金曜日』5月31日号
宮田律 2024『ガザ紛争の正体　暴走するイスラエル極右思想と修正シオニズム』平凡社新書
宮本ゆき 2020『なぜ原爆が悪ではないのか　アメリカの核意識』岩波書店
文京洙 2018『済州島四・三事件』岩波現代文庫
無署名 2024「イスラエルに武器売るな　英元最高裁長官ら600人が書簡」『しんぶん赤旗』4月5日国際面
森炎 2015『死刑肯定論』ちくま新書
森川金寿 1977『ベトナムにおけるアメリカ戦争犯罪の記録』三一書房
安田菜津紀 2024「パレスチナ・西岸地区に生きるということ」『世界』3月号、岩波書店
八木正編 1989『原発は差別で動く』明石書店　アナキスト社会学
保井啓志 2024「『我々は人間動物と戦っているのだ』をどのように理解すればよいのか」『現代思想』2月号　青土社

山我浩 2024『原爆裁判 アメリカの大罪を裁いた三淵嘉子』毎日ワンズ
山川剛 2008『希望の平和学』長崎文献社
山極寿一 2023「(科学季評) 人類はどこで間違えたのか　共感力と技術、賢い使い方を」『朝日新聞』3月9日
山田朗 2024「昭和天皇の戦争関与」聞き手塩倉裕『朝日新聞』8月8日
山田重郎 2024『アッシリア　人類最古の帝国』ちくま新書
油井大三郎 2008『好戦の共和国アメリカ』岩波新書
吉田徹 2024「アメリカ、覇権の終わりと新たな戦後」『世界』8月号
吉田裕 1986『天皇の軍隊と南京事件』青木書店
吉見俊哉 2022『空爆論』岩波書店
吉本博美 2024「独 120 カ所「平和行進」　復活祭休暇　1万人以上が参加　〝軍事費が国を貧困化〟」『しんぶん赤旗』4月3日国際面
和田春樹 2023『ウクライナ戦争　即時停戦論』平凡社新書
渡辺治 2024「岸田自公政権を倒して軍拡・改憲政治を転換しよう」『法と民主主義』1月号　日本民主法律家協会
アミタフ・アチャリア『アメリカ世界秩序の終焉』芦澤久仁子訳、ミネルヴァ書房 2022
ジゼル・アリミ『ジャミラよ朝は近い　アルジェリア少女拷問の記録』手塚伸一訳、集英社 1963
ジェームズ・アレン『原爆帝国主義』世界経済研究所訳　大月書店 1953　*Atomic Imperialism*　1952
「カタンガの強制労働」の節でベルギー領コンゴの鉱山での黒人の奴隷労働を詳述。1952 年の本であるから、まだ核の平和利用に幻想を抱いており、スターリンのソ連を美化している。
ジョエル・アンドレアス『戦争中毒　アメリカが軍国主義を脱け出せない本当の理由』きくちゆみ監訳、合同出版 2002　漫画
ジョエル・ウェインライト、ジェフ・マン『気候リヴァイアサン　惑星的主権の誕生』隅田聡一郎監訳、堀之内出版 2024
ドミトリー・ヴォルコゴーノフ『レーニンの秘密』上下、白須英子訳、日本放送出版協会 1995　著者はエリツィン大統領（当時）顧問、退役陸軍将官、歴史学者

マイケル・ウォルツアー『正しい戦争と不正な戦争』萩原能久監訳、風行社 2008
ヴォルテール『寛容論』斉藤悦則訳、光文社古典新訳文庫 2016
ジョン・エリス『機関銃の社会史』越智道雄訳、平凡社ライブラリー 2008年
19世紀列強のアフリカ植民地化における機関銃の「活用」は、ジェノサイダルな植民地主義とレイシズムもあらわれだったので、これも重要文献である。
ダニエル・エルズバーグ『世界滅亡マシン　核戦争計画者の告白』宮前ゆかり、荒井雅子訳、岩波書店 2020
ラス・カサス『インディアスの破壊についての簡潔な報告』染田秀藤訳、岩波文庫 2013
ジョセフ・ガーソン『帝国と核兵器』原水爆禁止日本協議会訳、新日本出版社 2007
原題は *Empire and the bomb : how the US uses nuclear weapons to dominate the world*
アザー・ガット『文明と戦争　人類二百万年の興亡』上下、歴史と戦争研究会訳、中公文庫 2022
ブルース・カミングス『北朝鮮とアメリカ　確執の半世紀』杉田米行ほか訳　明石書店 2004
カリム・カーンICC主任検察官インタビュー「法を平等に適用しなければ、種としての人類が崩壊する」秋元由紀訳、高橋哲哉解説『世界』2024年8月号
バールフ・キマーリング『ポリティサイド　アリエル・シャロンの対パレスチナ人戦争』脇浜義明訳、柘植書房新社 2004
ケント・ギルバート、井上和彦 2018『東京裁判をゼロからやり直す』小学館新書
レオ・クーパー『ジェノサイド　20世紀におけるその現実』高尾利数訳、法政大学出版局 1986　必読　クーパーはユダヤ系リトアニア人の家系で、南アフリカ出身の弁護士・社会学者。原著1981年。レムキンへの言及あり。
ステファヌ・クルトワほか『共産主義黒書』ソ連篇、アジア篇　外川継男・高橋武智ほか訳、ちくま学芸文庫 2016-2017
フィリップ・ゴーレイヴィッチ『ジェノサイドの丘 ルワンダ虐殺の隠された真実』上下、柳下 毅一郎訳、WAVE出版 2003
ロバート・コンクエスト『スターリンの恐怖政治』上下、片山さとし訳、三一書房 1976
ロバート・コンクエスト『悲しみの収穫　ウクライナ大飢饉：スターリンの農業集団化と飢饉テロ』白石治朗訳、恵雅堂出版 2007　ホロドモール

アーティフ・アブー・サイフ『ガザ日記　ジェノサイドの記録』中野真紀子訳、地平社 2024
ジョー・サッコ『パレスチナ　特別増補版』小野耕世訳　いそっぷ社 2023　漫画
ビクトル・ザスラフスキー『カチンの森　ポーランド指導階級の抹殺』根岸隆夫訳、みすず書房 2010
フィリップ・サンズ『ニュルンベルク合流　「ジェノサイド」と「人道に対する罪」の起源』園部哲訳、白水社 2018
シュロモー・サンド『ユダヤ人の起源』高橋武智ほか訳、ちくま学芸文庫 2017
ロナルド・シェイファー『アメリカの日本空襲にモラルはあったか』深田民生訳、草思社 1996　原書 1985
ヘンリク・シェンキエヴィチ『クオ・ワディス』木村彰一訳　岩波文庫 1995　レムキンの愛読書　エスペラント版はリディア・ザメンホフ（ホロコースト犠牲者）訳
スラヴォイ・ジジェク『戦時から目覚めよ』富永晶子訳、NHK 出版新書 2024
ティモシー・シュナイダー『ブラッドランド　ヒトラーとスターリン　大虐殺の真実』上下　布施由紀子訳、ちくま学芸文庫 2022
エリック・シュローサー『核は暴走する』上下、布施由紀子訳、河出書房新社 2018
ハワード・ジン『テロリズムと戦争』田中利幸訳、大月書店 2003
ラジ・スラーニ 2024「レベル違う攻撃がパレスチナ消す　これは「集団殺害」」聞き手高久潤『朝日新聞』5 月 7 日
ジョセフ・セバレンジ、ラウラ・アン・ムラネ『ルワンダ・ジェノサイド　生存者の証言：憎しみから赦しと和解へ』米川正子訳、立教大学出版会 2015
ヴェロニク・タジョ『神（イマーナ）の影　ルワンダへの旅―記憶・証言・物語』村田はるせ訳、エディション・エフ 2019
ヴェロニク・タジョ 2024「ジェノサイドの記憶をめぐる旅」聞き手・訳中村隆之『世界』7 月号、岩波書店
ロメオ・ダレール『なぜ、世界はルワンダを救えなかったのか　PKO 司令官の手記』金田耕一訳　風行社 2012
ジョン・ダワー『アメリカ　暴力の世紀』田中利幸訳、岩波書店 2017
ユン・チアン『ワイルド・スワン』上中下、土屋京子訳、講談社文庫 1998
ノーム・チョムスキー『すばらしきアメリカ帝国』岡崎玲子訳、集英社 2008

ノーム・チョムスキー『壊れゆく世界の標』富永晶子訳、NHK 出版新書 2022
フランス・ドゥ・ヴァール『道徳性の起源 ボノボが教えてくれること』柴田裕之訳、紀伊國屋書店 2014
ジョナサン・トーゴヴニク『ルワンダ　ジェノサイドから生まれて』竹内万里子訳、赤々舎 2010
ツヴェタン・トドロフ『屈服しない人々』小野潮訳、新評論 2018 年
ノーマン・ネイマーク『スターリンのジェノサイド』根岸隆夫訳、みすず書房 2012　レムキンに言及　カティンの森事件が典型的なジェノサイドだと述べている。
必読であるが、決して良書、名著ではない。いくつかの欠陥がある。
1.重要な先行研究であるクーパー『ジェノサイド』を無視（引用・言及しない）
2.クーパーと異なり、原爆投下がジェノサイドであったことを認識していないし、原爆への言及もない。
3.民主主義国あるいは親米国家のジェノサイドを無視する。米国、フランス、イスラエル、インドネシアなど。
4.クロンシュタット鎮圧のジェノサイド的性格を認識していない。
ダニー・ネフセタイ 2024a「なぜイスラエルがパレスチナ人を虐殺　学校で教え込む軍事優先と選民思想」聞き手菅原久仁栄『しんぶん赤旗日曜版』3 月 31 日号
ダニー・ネフセタイ 2024b『どうして戦争しちゃいけないの？　元イスラエル兵ダニーさんのお話』対談土井敏邦、あけび書房
ジャック・ネルソン-ポールミヤー『アメリカの暗殺者学校』安倍陽子訳、戸田清監訳、緑風出版 2010
オーナ・ハサウェイ、根岸陽太、武内進一 2024「（耕論）ガザと「ジェノサイド」」『朝日新聞』3 月 5 日
クリスタ・パウル『ナチズムと強制売春』イエミン恵子ほか訳、明石書店 1996
チャールズ・パターソン『永遠の絶滅収容所　動物虐待とホロコースト』戸田清訳、緑風出版 2007
イラン・パペ『イラン・パペ、パレスチナを語る』ミーダーン編訳、つげ書房新社 2008
イラン・パペ『パレスチナの民族浄化　イスラエル建国の暴力』田浪亜央江、早尾貴紀訳、法政大学出版局 2017

イラン・パペ『イスラエルに関する十の神話』脇浜義明訳、法政大学出版局 2018
イラン・パペ「なぜイスラエルは対ガザ戦争において文脈と歴史を抹消したがるのか」早尾貴紀訳『現代思想』2 月号
ユヴァル・ノア・ハラリ『サピエンス全史』上下、柴田裕之訳、河出書房新社 2016
ラシード・ハーリディー『パレスチナ戦争　入植者植民地主義と抵抗の百年史』鈴木啓之ほか訳、法政大学出版局 2023★
グレース・ハルセル『核戦争を待望する人びと　聖書根本主義派潜入記』越智道雄訳、朝日新聞社 1989
スティーブン・ピンカー『暴力の人類史』上下、幾島幸子、塩原通緒訳、青土社 2015
米国は「メガ殺戮」をしていないと示唆
ディー・ブラウン『わが魂を聖地に埋めよ』上下　鈴木主税訳、草思社文庫 2013
ウイリアム・ブルム『アメリカの国家犯罪全書』益岡賢訳、作品社 2003　必読★元国務省職員
ウイリアム・ブルム『アメリカ侵略全史』益岡賢ほか訳、作品社 2018
ヴィンセント・ベヴィンス『ジャカルタ・メソッド　反共産主義十字軍と世界をつくりかえた虐殺作戦』竹田円訳、河出書房新社 2022
アンナ・ベッツ、ジョナサン・ウルフ 2024「ガザ反戦デモ　米学生新聞は大学当局とどう向き合ったか」布施由紀子訳、八田浩輔解説『世界』7 月号、岩波書店
テオドール・ヘルツル『ユダヤ人国家』佐藤康彦訳、法政大学出版局 1991
シオニズムの指導者ヘルツルの 1896 年の著書。ユダヤ人国家の立地をパレスチナまたはアルゼンチンに想定
テオドール・ヘルツル『古くて新しい国　ユダヤ人国家の物語』村山雅人訳、法政大学出版局 2024
アンナ・ポリトコフスカヤ『チェチェン　やめられない戦争』三浦みどり訳、NHK 出版 2004
フランソワ・ポンショー『カンボジア・ゼロ年』新装版　北畠霞訳、連合出版 1986
ガバン・マコーマック 2024「永遠の属国体制か？　サンフランシスコ条約から 72 年後の世界」吉永ふさ子訳、『世界』8 月号
マーク・マゾワー『暗黒の大陸　ヨーロッパの 20 世紀』中田瑞穂・網谷龍介訳、未来社

2015　レムキンの1944年の著書などに言及
ラフール・マハジャンほか『ファルージャ　2004年4月』益岡賢、いけだよしこ訳、現代企画室2004
ジョン・ミッチェル、小泉昭夫、島袋夏子2020『永遠の化学物質　水のPFAS汚染』岩波ブックレット
C・ダグラス・ラミス2003『なぜアメリカはこんなに戦争をするのか』晶文社
ロバート・J・リフトン『ヒロシマを生き抜く　精神史的考察』上下、桝井迪夫、湯浅信之、越智道雄、松田誠思訳、岩波現代文庫2009
ロバート・J・リフトン、グレッグ・ミッチェル『アメリカの中のヒロシマ』大塚隆訳、岩波書店1995
ロバート・J・リフトン『終末と救済の幻想　オウム真理教とは何か』渡辺学訳、岩波書店2000
ポール・ルセサバギナ『ホテル・ルワンダの男』堀川志野舞訳　ヴィレッジ・ブックス2009
サラ・ロイ『ホロコーストからガザへ　パレスチナの政治経済学』岡真理、小田切拓、早尾貴紀編訳、青土社2009
歴史的記憶の回復プロジェクト編『グアテマラ　虐殺の記憶』飯島みどり、狐崎知己、新川志保子訳、岩波書店2000
ロイター通信2024a「イスラエルの「ジェノサイド」巡る訴訟、アイルランド関与へ」3月28日
https://jp.reuters.com/world/europe/I2FD2YSS5VKUHHFJIWCEBUPWKI-2024-03-28/
ロイター通信 2024b「米政権、イスラエル向け追加武器供与承認　戦闘機など＝米紙」3月31日
https://jp.reuters.com/world/security/JM3QWODEHFMILMIK27LDAITVS4-2024-03-31/
『現代思想』2024年2月号　青土社　特集「パレスチナから問う」★
Ronald　Creagh, 2007, *Mortopuno*, SAT　エスペラント文
Donna-Lee Frieze 2013 *Totally Unofficial: Autobiography of Rafael Lemkin* Yale University Press　リフトン博士推奨

Robert Jay Lifton，1986，*The Nazi Doctors: Medical Killing and the Psychology of Genocide*, Basic Books

Second　edition　2017

Robert Jay Lifton and Eric Markusen，1990，*The genocidal mentality：Nazi holocaust and nuclear threat*　　Basic Books　ラファエル・レムキン弁護士への献辞あり。必読の名著　邦訳なし

Richard　Maguire，2007，From the Guest Editor: The nuclear　weapon and genocide: The beginning　of a discussion，*Journal of Genocide Research*　,9（3）,September, 353-360

https://www.tandfonline.com/doi/epdf/10.1080/14623520701528866?needAccess=true

David　Stannard　1993，*American Holocaust: The Conquest of the New World*, Oxford University Press　スタンナードの必読の名著、邦訳なし

https://en.wikipedia.org/wiki/American_Holocaust_（book）

スタンナード『アメリカン・ホロコースト』

フランチェスカ・アルバネーゼの国連人権理事会への報告

Francesca　Albanese，2024，Human Rights Council Fifty-fifth session 26 February-5

April 2024 Agenda item 7 Human Rights situation in Palestine and other occupied Arab territories Anatomy of a Genocide Report of the Special Rapporteur on the situation of human rights in the Palestinian territories occupied since 1967, Francesca Albanese*

https://reliefweb.int/report/occupied-palestinian-territory/anatomy-genocide-report-special-rapporteur-situation-human-rights-palestinian-territories-occupied-1967-francesca-albanese-ahrc5573-advance-unedited-version　3月26日発表

しんぶん赤旗2024年3月28日、国連人権理事会「ジェノサイドの分析（解剖）」

「ジェノサイドとは」『ホロコースト百科事典』

https://encyclopedia.ushmm.org/content/ja/article/what-is-genocide

https://ja.wikipedia.org/wiki/ジェノサイド

https://en.wikipedia.org/wiki/Genocide

https://fr.wikipedia.org/wiki/G?nocide

https://eo.wikipedia.org/wiki/Genocido

https://en.wikipedia.org/wiki/Raphael_Lemkin

https://fr.wikipedia.org/wiki/Raphael_Lemkin

https://eo.wikipedia.org/wiki/Raphael_Lemkin

https://en.wikipedia.org/wiki/Leo_Kuper

クーパー弁護士の没年は1994年であるが、生年に1904と1908の2つの記載がある。享年89とあるので1908が誤記であろうか？　Wikipedia英語版で単純な誤記は初めて見た。インドネシア語版にも同じ誤記が繰り返されているが、英語版を丸写ししたためであろう。アゼルバイジャン語版では1908となっている。

Yale University Press; Reprint edition　(September 10, 1983) のクーパー『ジェノサイド』英語版の表紙をかかげる。なお邦訳の底本の英語版は1981年発行である。

https://www.amazon.co.jp/Genocide-Its-Political-Twentieth-Century/dp/0300031203

1915年　80万人　アルメニア人

1933-45年　600万人　ユダヤ人（ホロコースト）

1971年　300万人　バングラデシュ人

1972-75 年　10 万人　フツ人（アフリカ）　　と記されている。

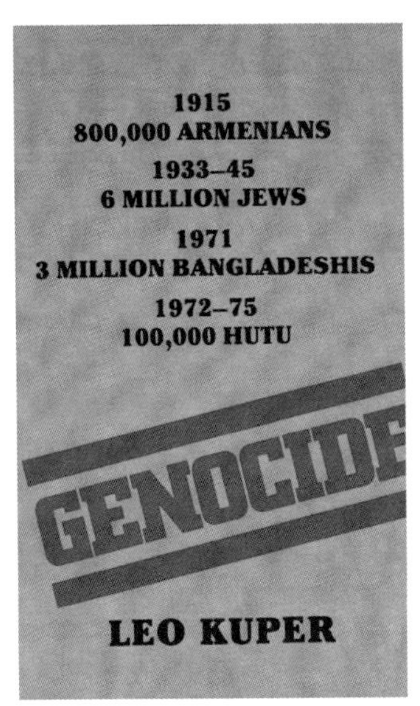

クーパー『ジェノサイド』法政大学出版局　の原書

YouTube で「ジェノサイド」を検索

【アボリジニ虐殺】娯楽として人を狩る…オーストラリアがたどった闇の歴史　15 分 44 秒　2023 年

https://www.youtube.com/watch?v=w4E4BsqOKD0&list=PLSPrp4CBh-_98oVEXJ9joyBBU3iaNgr-C

【前半】公開セミナー「人文学の死―ガザのジェノサイドと近代 500 年のヨーロッパの植民地主義―」

登壇：岡真理 早稲田大学文学学術院教授、藤原辰史 京都大学人文科学研究所准教授ほか

1 時間 49 分 30 秒、2024 年　京都大学 2024 年 2 月 13 日　IWJ★

https://www.youtube.com/watch?v=cxaojqep_sI　1948 年ナクバ、1967 年からの軍事占領、2007 年からガザ封鎖

キーワード

アメリカ帝国主義、イスラエル、ウクライナ、オムニサイド、核兵器、核兵器禁止条約、ガザ地区、岸田大軍拡、原爆投下、国際刑事裁判所（ICC)、国際司法裁判所（ICJ)、ジェノサイダル・システム、ジェノサイダル・メンタリティ、ジェノサイド、ジェノサイド(的)強姦、ジェノサイド条約、ジェノサイド兵器、シオニズム、勝者の裁き、招爆責任、昭和ファシズム、人道に対する罪、戦略爆撃、東学農民鎮圧作戦、ナチズム、南京大虐殺（南京事件)、二重基準（ダブル・スタンダード)、日本帝国主義、ニュークリアリズム、パレスチナ、ブルジョワ民主主義、文明の裁き、平頂山事件、ホロコースト、歴史修正主義、ロシア大国主義

ロバート・オッペンハイマー、ヨシフ・スターリン、ハリー・トルーマン、ベンヤミン・ネタニヤフ、アドルフ・ヒトラー、ウラジミル・プーチン、ロバート・リフトン、ラファエル・レムキン

Wikipediaについて

本書でWikipediaの引用が比較的多いことをいぶかしく思う人もいるはずだ。阪大医学部の仲野教授は「Wikipedia英語版が授業準備に役立つ」と述べている（仲野 2017 : あとがき)。Wikipedia英語版、仏語版に比べて日本語版は「レベルが低い」印象は否めない。

凡例

引用の出所の記述は通常の約束による。「戸田 2017 : 50」は戸田の2017年の著作の50頁を意味する。

インターネット情報のアクセスは2024年3月、4月または8月

ジェノサイドについての15冊の必読書

荒井信一 2008『空爆の歴史　終わらない大量虐殺』岩波新書

　ホロコーストと並び現代ジェノサイドの代表的類型である空爆についての標準的な入門書

岩松繁俊 1998『戦争責任と核廃絶』三一書房

　著者は被爆者、日本の「招爆責任」にも言及

岡真理 2023『ガザとは何か　パレスチナを知るための緊急講義』大和書房

ガザ危機の背景についての最もわかりやすい解説

国際問題研究会編訳 2023『ウクライナ 2014-2022　大ロシア主義と戦うウクライナとロシア・ベラルーシの人々』柘植書房新社

チェチェン連絡会議の声明、ロシアの平和団体の主張などを収録

芝健介 2008『ホロコースト　ナチスによるユダヤ人大量殺戮の全貌』中公新書

ジェノサイド問題の原点であるホロコーストについての標準的な入門書

内藤正典、三牧聖子 2024『自壊する欧米　ガザ危機が問うダブルスタンダード』集英社新書

いま進行中のガザ危機についてはまずこれを読むべき。ウクライナ危機も論じている

中川喜与志 2001『クルド人とクルディスタン　拒絶される民族　クルド学序説』南方新社

中塚明、井上勝夫、朴 孟洙 2024『東学農民戦争と日本　もう一つの日清戦争』高文研　旧版 2013

日本軍最初のジェノサイド作戦を知るべき

前田朗 2002『ジェノサイド論』青木書店

前田 2000『戦争犯罪論』、前田 2009『人道に対する罪』とあわせて、「戦争犯罪論三部作」となる。

刑法学の立場から、ジェノサイド罪、人道に対する罪、戦争犯罪について考察。

旧ユーゴ国際法廷、ルワンダ国際法廷（史上初のジェノサイド有罪判決）の判例についても論じる。

「ジェノサイド強姦」についての詳細な議論は類書に例を見ない。ジェノサイド罪を「集団殺害罪」と訳すことは不正確と指摘。的場・前田 2024『希望と絶望の世界史』も、戦争犯罪法廷の現状などを知るに有益である。

松村高夫・矢野久編 2007『大量虐殺の社会史　戦慄の 20 世紀』ミネルヴァ書房　倉沢愛子、山口研一郎ほか

ジェノサイド概論として大変すぐれている。松村・山口は七三一部隊の研究でも知られている。

レオ・クーパー『ジェノサイド　20 世紀におけるその現実』高尾利数訳、法政大学出版局 1986

もっとも代表的なジェノサイド入門書、原爆投下がジェノサイドであったことも指摘

フィリップ・サンズ『ニュルンベルク合流　「ジェノサイド」と「人道に対する罪」の起源』園部哲訳、白水社 2018

「ジェノサイド」の造語者レムキンと「人道に対する罪」の提唱者ハーシュ・ラウターパクトについて詳述。著者は国際法学者・弁護士。鵜飼哲氏推奨の本。

ノーマン・ネイマーク『スターリンのジェノサイド』根岸隆夫訳、みすず書房 2012

スターリン時代のジェノサイドについての代表的な概説

アーティフ・アブー・サイフ『ガザ日記　ジェノサイドの記録』中野真紀子訳　地平社 2024

イラン・パペ『パレスチナの民族浄化』も参照されたい。

Robert Jay Lifton and Eric Markusen，1990，*The genocidal mentality : Nazi holocaust and nuclear threat*　*Basic Books*

ジェノサイダル・システムとジェノサイダル・メンタリティについてホロコーストと核の脅威を例に深い考察。邦訳が切望される

『東学農民戦争と日本　もう一つの日清戦争』高文研

2024 新版の表紙

『ジェノサイド論』青木書店。サブタイトルに注目。ジェノサイド[的]強姦

平和資料館の紹介

NPO 法人　長崎人権平和資料館　長崎市西坂町　JR 長崎駅徒歩 10 分

旧称　岡まさはる記念長崎平和資料館

https://www.nagasakijinkenheiwa.com

大軍拡・改憲を許さない 6・23 怒りの大集会（東京）
呼びかけ発起人　戸田清　　2024 年 6 月 23 日

呼びかけ発起人のひとりである私、戸田から、お集まりのみなさんに、連帯のあいさつをさせていただきます。

2022 年に始まったロシアのウクライナ侵略、2023 年に始まったイスラエルのパレスチナ・ガザ侵攻、私たちの目の前で 2 つの「ジェノサイド」、すなわち、「集団殺害」あるいは「文民に対する組織的な虐殺」が進行中です。

ガザ危機では、6 月 8 日の朝日新聞で死者 3 万 6731 人と報道されました。子どもの死者が 1 万 3000 人超と言われたのは 3 月のことでした。女性の死者も 1 万人超です。医薬品不足や食料不足などで人道危機が加速されています。妊娠女性の帝王切開手術も麻酔なしで行われています。イスラエルの死者は約 1200 人です。2023 年 12 月に南アフリカは、ジェノサイド条約違反の疑いでイスラエルを国際司法裁判所、ICJ に提訴しました。ICJ は 2024 年 1 月 26 日、イスラエルに対してジェノサイド防止を求める仮保全措置命令、暫定措置命令を出しました。イスラエル政府や米国政府は、「ジェノサイドではない」と主張しています。ウクライナ危機では、たとえばドネツク州マリウポリという人口 40 万の都市、私が 25 年間暮らした長崎市と同程度の人口規模ですが、ここで 2 カ月のあいだに約 2 万人の市民が殺された事例、これが代表的なジェノサイドでありましょう。

「ジェノサイド」は、ナチス・ドイツによるユダヤ人虐殺、ホロコーストで最終的に死者 600 万人となるわけですが、これが進行中の 1944 年に、ユダヤ系ポーランド人のラファエル・レムキン弁護士が新語として考案したものです。戦後のニュルンベルク裁判、東京裁判を経て、1948 年 12 月に国連でジェノサイド条約、すなわちジェノサイド禁止条約が採択されました。南アフリカ政府は、イスラエルによるこの条約の違反を問うたわけです。

ホロコーストの被害者を代弁するはずのイスラエル政府がなぜパレスチナ人

へのジェノサイドを行うのでしょうか。19 世紀に再燃したユダヤ人迫害の「解決策」として、パレスチナあるいはアルゼンチンに「ユダヤ人国家」をつくることを求める「シオニズム」運動が起こりました。パレスチナは旧約聖書との関係でわかりますが、なぜアルゼンチンでしょうか。それはともかく、帝国主義列強はシオニズムを支持しました。1917 年の英国によるバルフォア宣言です。1948 年にパレスチナにイスラエルが建国されたとき、先住民のアラブ人は 70 万人の難民、500 の村の破壊、1 万 5000 人虐殺という被害をこうむりました。アラビア語で「大災厄」を意味する「ナクバ」です。イスラエルの「入植者植民地主義」は、日本の「満蒙開拓団」のようなものです。

米国の精神科医であり、反核平和活動家であるリフトン博士は、社会学者マークセンとの共著で 1990 年に『ジェノサイダル・メンタリティ　ナチス・ホロコーストと核の脅威』を出しました。リフトンの邦訳は 9 点ありますが、この名著には邦訳がありません。「ジェノサイダル・システム」とは、ジェノサイドを支える政策、制度、施設、装置などの社会構造、「ジェノサイダル・メンタリティ」とは、それを支える社会意識です。

実は枢軸国のジェノサイドを裁く国際軍事裁判のルールを定めた「ニュルンベルク憲章」の米英仏ソによる調印が 1945 年 8 月 8 日でした。その直前直後に原爆投下という連合国のジェノサイドが強行されたわけです。原爆の年内死者は約 21 万人でした。拙著『核発電の便利神話』長崎文献社、をご参照ください。

日本軍のジェノサイドと言えば南京大虐殺が有名ですが、最初のジェノサイドは日清戦争時代の東学農民鎮圧作戦でした。火縄銃と竹やりの朝鮮農民軍と近代兵器の日本軍。朝鮮人死者 5 万人、日本兵の戦死 1 名でした。5 万対 1 の割合ですね。

米ソ冷戦時代に核戦争の死者は 6 億人と想定されました。核兵器を保有する 9 カ国は「ジェノサイダル・システム」を持っているわけです。今回、ロシアとイスラエルの高官は「核威嚇」をしました。ウクライナ危機に便乗して岸田文雄政権は「安保三文書」で大軍拡へ舵を切りました。2023 年のＧ7 広島サミットでは、被爆地から「核抑止賛成」を発信しました。2024 年の日米首脳会談では、フィリピンを巻き込んで「アジア版 NATO」を目指しています。沖縄・鹿児島の南西諸島に基地強化をすすめています。辺野古に米軍核兵器弾薬庫をつくる気配があります。「原発回帰」は「潜在核武装」「潜在核抑止」の欲望を示しています。歴史教育で「大正デモクラシー」を教えていますが、「昭和ファシズム」は教えません。安倍政権の遺産を受け継いで殺傷兵器輸出などの「閣議決定改憲」を連発する岸田政権は、「令和ファシズム」をめざしているのではないでしょうか。日米安保条約、日米同盟は核兵器による「ジェノサイダル・システム」への翼賛、容認の道です。ジェノサイドの前科を反省しない日本、米国、ロシア。そしてホロコーストを反省するドイツは、イスラエル盲信の迷路に落ちています。ロシアの侵略を非難しつつイスラエルの蛮行を容認する欧米と日本の二重基準、ダブルスタンダードも問われなければなりません。内藤正典・三牧聖子『自壊する欧米　ガザ危機が問うダブルスタンダード』集英社新書、もご参照ください。

あとがき

本書のサブタイトルは「ガザ・ウクライナ・原爆・ホロコースト・東学農民を手がかりに」である。これは何を意味するのか。そもそも「ジェノサイド」という言葉は、ユダヤ系ポーランド人弁護士ラファエル・レムキンが1944年に、アルメニア人への虐殺という先例を念頭におきつつ、進行中（当時）のホロコーストを告発するために、造語した言葉である。いまなお、ホロコーストがジェノサイドの「代名詞」であることに変わりはない。それから80年後の現在に目を向けると、2023年12月に南アフリカが国際司法裁判所（ICJ）にイスラエルを提訴し、ICJは2024年1月に「ジェノサイド防止命令」を出した。ガザ報道で「ジェノサイド」という言葉をよく目にする。ホロコーストの被害者を代弁するのがイスラエル政府だったはずではないのか。パレスチナの人道危機は繰り返されてきた。最初の人道危機はイスラエル建国の1948年に起こった。ウクライナ報道では「ジェノサイド」という言葉をほぼ目にしない。ではジェノサイドはないのか。人口40万人のマリウポリで2万人以上が殺されたのはジェノサイドではないのか。

通常兵器は大量使用によってジェノサイドをもたらす。他方、ユダヤ系米国人精神科医リフトン博士が指摘するように核兵器は「ジェノサイド兵器」であり、ジェノサイド以外の使い方ができない。ホロコーストを裁くニュルンベルク裁判の条約が米英仏ソによって調印されたのは1945年8月8日であった。その直前と直後に、原爆投下という連合国のジェノサイドが行われたのである。では日本は戦争の被害者なのか。日本はジェノサイドをしていないのか。もちろんそんなことはない。南京大虐殺はもっとも悪名高いジェノサイドのひとつである。しかし、計画性の乏しい南京事件は「典型的なジェノサイド」ではない。むしろ19世紀末の「東学農民鎮圧作戦」こそが典型的なジェノサイドであろう。安重根に暗殺されることになる伊藤博文は日清戦争当時の首相であり、大本営のメンバーとして東学農民に対するジェノサイド（殲滅作戦）の決定に関与していた。法は遡及できないが、1948年以降の国際人道法に照らすと、伊藤もジェノサイド罪の共犯で有罪である。

ジェノサイドは戦時に軍隊が行うことが多い。しかし平時に民衆も共犯者となって行われるジェノサイドもある。関東大震災に伴った朝鮮人虐殺と中国人虐殺がその代表例だ。歴史修正主義者（ウヨク）の重点的主張は「性奴隷と 20 万人は嘘だ」「日本はジェノサイドをしていない」である。ジェノサイド条約を批准していない日本は、歴史教育におけるジェノサイドの扱いも不十分である。

このサブタイトルが意味するのは、「犯罪の中の犯罪」であるジェノサイドを直視することが暴力の克服のために不可欠であり、その手がかりとなるのが、ナチズム、米露日帝国主義、イスラエル植民地主義という 5 つの代表的なジェノサイダル・システムとジェノサイダル・メンタリティの解明だということだ。ここで日本帝国主義というのはもちろん明治憲法時代のそれをさす。では現代日本はどうか。安倍安保法制と岸田大軍拡によって、日本は「他の帝国主義に従属する帝国主義」という奇妙な存在になるかどうかという分岐点にある。岸田政権の次の政権はどうなるだろうか。

ところで世界初のジェノサイド有罪判決の出たルワンダでは、処罰に格差があったようだ。1995 年に設置されたルワンダ国際刑事法廷では死刑が廃止されていたが、ルワンダ国内法廷では 1998 年に 22 件の死刑執行があったという（首謀者が終身刑で実行犯が死刑？）。ルワンダの死刑廃止は 2007 年であった（タジョ 2019：186）。

原爆投下は、民間人の大量殺害という点で当時の国際法にも違反していたが（戸田 2009 ; 山我 2024）、現代の国際人道法に照らすと、「戦争犯罪」「人道に対する罪」「ジェノサイド罪」にあたると思う。8 月 9 日（平和祈念式典）にイスラエルを招待しなかった長崎市の英断を評価したい。カマラ・ハリス副大統領は、大統領候補指名受諾演説で「米国が常に世界一強く、最も殺傷能力のある軍を持つことを確実にする」と述べ、イスラエルの自衛権を支持するとも言ったという（赤旗 2024 年 8 月 24 日）。

2013 年に木村朗編『九州の原発ゼロへ、48 の視点』で南方新社と向原祥隆さんにお世話になった。今回のジェノサイド論が二回目となる。ご尽力に感謝したい。

戸田清　　2024 年 8 月 9 日

■著者プロフィール

戸田清（とだきよし）
1956年大阪生まれ、玄海原発訴訟原告、安保法制違憲長崎訴訟原告、東京革新懇世話人、日本国民救援会目黒支部長、長崎大学名誉教授[環境社会学・平和学]。環境社会学会、日本平和学会、唯物論研究協会などに所属。
大阪府立大学・東京大学・一橋大学で学ぶ。日本消費者連盟職員、都留文科大学非常勤講師などを経て、2022年3月に長崎大学を定年退職。博士（社会学）、獣医師（資格）
著書
1994『環境的公正を求めて』新曜社　金源植訳韓国版 1996
　岸本聡子杉並区長の「バイブル」と言われている
　（岸本聡子 2022『私がつかんだコモンと民主主義』晶文社　あとがき参照）
2003『環境学と平和学』新泉社　金源植訳韓国版 2003
2009『環境正義と平和』法律文化社
2012『核発電を問う』法律文化社
2017『核発電の便利神話』長崎文献社
2019『人はなぜ戦争をするのか』法律文化社
共著、訳書、論文・エッセイ多数
https://todakiyosi.web.fc2.com
https://ja.wikipedia.org/wiki/戸田清_（社会学者）
toda@nagasaki-u.ac.jp

南方ブックレット13
ジェノサイドを考える
――ガザ・ウクライナ・原爆・ホロコースト・東学農民を手がかりに――
2024年10月12日　第1刷発行

著　者　戸田　清
発行者　向原祥隆
発行所　株式会社　南方新社

〒892-0873　鹿児島市下田町292-1
電話 099-248-5455
振替口座 02070-3-27929
URL http://www.nanpou.com/
e-mail info@nanpou.com

定価はカバーに表示しています。乱丁・落丁はお取り替えします
ISBN 978-4-86124-526-8 C0031

非暴力直接行動が世界を変える ◎アンジー・ゼルター 定価（2300円＋税）	大量虐殺のために輸出される戦闘機を破壊し、核兵器を搭載する原子力潜水艦の実験施設を破壊した。いずれも無罪。これまで約200回逮捕されながら、ライト・ライブリフッド賞他、数々の賞に輝く著者が、自らの半生を辿る。
小さき者たちの戦争 ◎福岡賢正 定価（1600円＋税）	「小さき者」であるがゆえに、戦争という強大な力に翻弄され、人を殺め、傷ついてきたわたしたち。直面する戦争といかに向き合い、いかに生きるかを改めて問う、渾身のルポルタージュ。
海軍兵と戦争 ◎宮島孝男 定価（1300円＋税）	予科練に憧れ、16歳で土浦海軍航空隊に入隊、3年半の軍隊生活と2年の捕虜生活を送った元海軍兵（鹿児島県在住）。「死と背中合わせだった日々の経験を伝えなければいけない」と、今回初めてインタビューに応じた。
硫黄島と小笠原をめぐる日米関係 ◎ロバート・D・エルドリッヂ 定価（6800円＋税）	硫黄島激戦、父島人肉食事件、核弾頭の配備、返還交渉過程におけるアメリカとの核の密約……。小笠原諸島をめぐる米日政府機密文書など膨大な新資料をもとに、知られざる真実と、諸島が日米関係の最重要地点であることを明らかにする。
北朝鮮墓参記 ◎岩元昭雄 定価（1200円＋税）	北朝鮮で出生、幼少期を過ごした著者は、敗戦後1年で9人の家族のうち4人を失う。特に父と祖母は火葬もできず捨てるように埋めてきた。鹿児島に引き揚げてから70年余。今あらためて平和が問われる。
「修羅」から「地人」へ **―物理学者・藤田祐幸の選択―** ◎福岡賢正 定価（1500円＋税）	物理学者・藤田祐幸、彼はなぜ原発反対に人生をささげたのか。政権は再稼働に向けた動きを加速している。破局の足音を聞きながら歩んできた藤田は今、人類のあるべき未来をはっきりと指し示す。
亀山ののこ写真集 **9　憲法第9条** ◎亀山ののこ 定価（2000円＋税）	報道写真家・福島菊次郎に「こうした綺麗な形でいのちを脅かすものを告発するのは見たことがない。いい仕事だ」と前著『100人の母たち』で言わしめた亀山ののこ。心揺さぶる新作。改憲の足音が聞こえている今こそ届けたい。

＊注文は、最寄りの書店か、直接南方新社へ電話、ＦＡＸ、Ｅメールで（送料無料）。書店注文の際は「地方小出版流通センター扱い」とご指定ください。